テックジャイアントと地政学

山本康正のテクノロジー教養講座2023-2024

山本康正

日経プレミアシリーズ

プロローグ ― シリコンバレーとの往来から見えてきた日本の近未来

「マイクロソフト、オープンAIに100億ドル投資で交渉」。2023年を迎えて、テクノロジー業界に最初の大きな衝撃を与えたニュースでした。

オープンAIが開発しているChatGPTは2022年11月後半にベータ版が登場し、大手経済メディアでは大きくは取り扱いはされていませんでしたが、その質がこれまでとは大きく違ったため、一部の技術コミュニティでは話題にはなっていました。その約1カ月後には、このような1兆円を超える規模での交渉に発展しているのです。

このような大きな変化が日本の経済界に伝わりにくい理由は三つあります。一つは情報の発信源がほとんど海外である点です。多くのメディアや大企業、政府系機関は米国の東海岸には多くのスタッフを配置していますが、西海岸、特に、サンフランシスコ周辺やシアトルは手薄です。日本はハードウェアでは確かに最先端の時代がありましたが、ソフトウエアでは後進国です。外から学ぶ必要が今一度あります。

二つ目の理由は現地にいるスタッフの経験の多くが、技術かビジネス、行政のどれかに偏っているため、正しく先の展開を読みにくいことです。すなわち、今の時代のビジネスをハードウェアの専門家や、旧来の法律の専門家やジャーナリストでは読み解くことは困難であり、ソフトウェアやインターネット、人工知能などのビジネスを経験した身でなければ何が大きくなりそうか、何が単なる人工的に作られたブームかを見破ることが難しいのです。たとえ、ソフトウェアの専門家であっても商業的に成功するかは別問題であるため、両方のバランスが求められます。今回であれば、単に「会話型の人工知能の発展版」として捉えるのか、「検索の新しい形」として捉えるのかで予想されるビジネスのインパクトは大きく異なります。

三つ目が技術進歩がビジネスに変化を与えるスピードが国境を越えて加速度的に進化しているからです。２０００年代より前であれば、海外で成長するビジネスを自社で分析して対策を立てれば良い時期がありました。また、「タイムマシン経営」と呼ばれるように、海外のスタートアップの日本展開をジョイントベンチャーで行い利益分配するという手もあったでしょう。しかし、その手がもはや通じなくなってきています。インターネットの登場後のクラウドや5Gなどによって、新しいサービスが開発されてから、瞬く間に国境を越えて世界中で使えるようになっています。言語の壁も人工知能による翻訳によってずいぶんと低くなりました。そして、その速度が遅くなることはないでしょう。

有名な話ですが、ユーザー５０００万人を獲得するために必要な年数は、電話や電気で約50年、携帯電話やインターネットで約10年、YouTubeで約4年かかりました。しかし、人気ゲームポケモンＧｏにいたっては19日で達成しています。

いや、「これはアプリだから」「うちの業界はテクノロジーは関係ない」と言えるでしょうか？　もし、ポケモンＧｏ以上の爆発的な人気アプリが突然、銀行機能を出すと仮定すれば、３週間以内に、５０００万人以上の潜在ユーザーを持った競合が出てくることになります。１カ月先もどうなるか予測できないのです。

不確実性が増せば、その不安を煽るように「シンギュラリティが来る」など定義の曖昧な言葉を話す評論家やコンサルタント、メディアが増えます。しかし、評論家はその予想が当たらなくても、「幻滅期だから」と判断を先延ばしにし、次の流行り言葉を追いかければ良いので、ビジネスの判断の根拠にしてはなりません。

本書では、なるべく話題性などを追求せず、ビジネスや実務にとってどういった意味があるかということに絞ってわかりやすく解説したつもりです。最先端の技術は自社で全て開発できることはありえません。優秀なエンジニアを多数抱えるグーグルであっても、平均して毎月1社以上の企業を買収して、モバイル化の波や動画の波、人工知能の荒波を乗り越えようとしてきました。読者の勤務する会社がもし、ソフトウェアテクノロジーに強くないとしても、こういった買収競争に入らざるを得ないのです。そもそもソフトウェアテクノロジーに強くなければ、買収候補は余り物を回されるだけになってしまいますが、もし良い案件に出合えたとして、その際に経営陣が技術ビジネスの動向を掴めていなかったら、いくら良い金額の条件を提示したとしても、買収後の統合ＰＭＩ(Post Merger Integration)がうまくいかないでしょう。

「テクノロジーは難しいから専門家に任せよう」「いつか勉強しよう」という考えが、「テクノロジーは財務や英語と同じようにビジネスに必須だ」「このテクノロジーはどうなっているんだろうか、他社に先駆けて買収を検討するためにAさんに明日にでも壁打ちをお願いしよう」という能動的なものに変わるようになれば筆者にとって望外の喜びです。

目次

Part 3

曲がり角のテックジャイアント

Part 4

メタバース＆Ｗｅｂ３、先端技術ブームの実態 127

Part 5

日本人が知らない世界の最新常識 183

Part 1

ChatGPTが与える衝撃

テックジャイアントと地政学

Tech Giants and Geopolitics

生成AIやGPTとは何か ビジネスパーソンはどう向き合う？

２０２２年の11月から23年２月にかけてChatGPTというサービスの話題がもちきりです。自然に見える会話形式の応答で多くのユーザーを惹きつけたことと、その普及のスピードを受けてマイクロソフトが最大約１兆円を追加出資するという報道や、検索サービスが脅かされるかもしれないと報道されたグーグルが対抗サービスである「Bard」を急遽発表したことが注目を加速させました。この動きが定着するかはまだ定かではありませんが、どういったものかを理解することは重要です。

ChatGPTの元となるGPT-3は、ＡＩ研究機関であるOpenAIが、２０１８年のGPT-1、２０１９年のGPT-2に続き、２０２０年に発表した大規模言語モデル（Large Language Model）の一つです。大規模言語モデルとは、膨大なデータを学習し人間が使用する言葉を単語の出現確率でモデル化したもので、GPT-3は極めて自然な文章を生成したり、翻訳したりすることができます。

このGPT-3を改良して、会話に最適化したものがChatGPTです。Chatは単に会話である「チャット」を指しますが、GPTの略はGenerative Pre-Trained Transformerで、直訳すると「生成の事前学習されたトランスフォーマー」となります。トランスフォーマーとは後述の深層学習モデルを指します。

ChatGPTが躍進した一つのきっかけは2017年にグーグルとトロント大学の研究者が発表した「Attention is all you need」(注意機構だけが必要である)という論文でした。「注意機構」とは「解析するデータのどこに着目するかを特定する」という仕組みです。この注意機構を活用した「トランスフォーマー」と呼ばれる画期的なモデルが論文の中で提案され、非常に高性能であることが公表されました。

2010年代では言語解析によく使われていたRNN(Recurrent Neural Network回帰型ニューラルネットワーク)や、画像解析によく使われていたCNN(Convolutional Neural Network、畳み込みニューラルネットワーク)がありましたが、新しく「注意機構」を活用したモデルである「トランスフォーマー」が2020年頃には大きく成長してきました。わずか約10年前に使われていたモデルの次に既に新しいモデルが急成長してくるのが人工知能の開発競争の熾烈さと速さを物語っています。学ぶ側のビジネスパーソンも、そのスピードに追いつかなければなりません。

2017年の論文発表後、著者の多くは自身で起業するなど所属を変更しています。とても注目度が高い分野の研究のため、研究者も所属企業の名前では判断されにくくなり、研究者自身の能力が評価されやすい状態でした。そのため、研究の縛りが厳しい大企業よりも研究のしやすさが優先されやすく、雇用の流動性が生まれていたといえるでしょう。特に、大学の研究室から民間に移るケースもあり、これまで比較的保守的だった大学研究者としてのキャリアにも変化を与えています。開発競争や人材獲得競争が加熱し、そのなかで多くの人材を引き込んだOpenAIがいち早く驚きをもたらすサービスを公開しました。

これまでの識別型のＡＩとは違い、基本的には生成型ＡＩであることに今回の躍進の特徴があります。ある意味これまで覚えたことをオウム返しのように確率的に返すモノマネです。正しい事を言うこともありますが、一定の確率で間違ったことを言うことも現段階ではありえます。いろいろなものを取り込んで、それを新しく組み合わせで提示することができるというものです。

ここで気をつけておくべきことは「覚えて正しく組み合わせる」ことが、必ずしも「意味を理解している」わけではないということです。覚えたことを理解せず組み合わせて返答するオウム返しという表現を使いましたが、これは1980年に哲学者のジョン・サール氏が論文「Minds, Brains, and Programs」（精神、脳、そしてプログラム）の中で提唱した「中国語の部屋」という思考実験に遡るテーマです。

この思考実験は、中国語を全く話さない（例えば英語だけを話す）回答者と、中国語で質問をして、相手が中国語を理解できるかを判定する質問者の2名で行われます。回答者と質問者は別の部屋におり、中国語で書かれた質問を紙で回答者に渡します。回答者は中国語を理解していませんが、部屋にある「中国語での質問に回答するマニュアル」を使用し、中国語で返答します。この回答を質問者が紙で受け取ると、回答者が中国語を理解していると勘違いすることになります。

既に40年以上前の議論ですが、最近の2022年にも極端ですがグーグルのエンジニアがＡＩチャットシステムは感情を持っていると明確な根拠なしに主張し、解雇された事例もあります。メディアが飛びつきそうな話題ですが、ビジネスパーソンは勘違いをせず、冷静にビジネスに有益に使えるかどうかという基準でまず見極めなければなりません。

ChatGPTの懸念点と可能性

性質上、ChatGPTにはまだ不正確なところも多々あります。例えば、歴史について尋ねたら基本的なことが間違っていたり、意外かと思われますが計算すら間違っていたりするバージョンもあり、解答は正確ではありません。事実に基づかずともそれなりに回答してしまうことを自然言語処理の分野では「幻覚、妄想」(Hallucination)と呼ばれています。

ただ、「ChatGPTは間違っていることが多いから役に立たない」というわけではありません。こうした欠点は後から改良され、クオリティーが上がっていく可能性は高いです。例えば、初期のインターネットの歴史においても、当初は質の悪いウェブサイトばかりで使えないという声がありましたが、グーグルの検索アルゴリズムがだんだんと向上し、現在は正確な情報を得やすくなっています。ChatGPTに続く後発のサービスも、時間はかかりますが検索の質と同じような経緯をたどると個人的には考えています。

また、現在のウェブサイトも全てが正しい情報ではなく、使う側のリテラシーが問われているのと同様、チャットボットＡＩを使う際も人間側にリテラシーが求められる点は変わらないでしょう。実際、今出ているChatGPTは、２０２１年までのデータでトレーニングをしていると公表されており、今日起こった出来事や最近のスポーツの結果などの速報を知るには、あまり適していません。最新の情報を取り入れるためには工夫する必要があり、それがリアルタイムにできるかというと、まだ試行錯誤の段階です。実際に使いながら、検索と同様にチャットボットＡＩを使いこなすリテラシーを高めていく必要があります。

すでにアメリカの大学生は論文執筆にChatGPTを使っている人もでてきており（禁止している大学もあるようですが）、ChatGPTに関する記事を読むだけではなく、まずは実際に触ってみるのが一番です。ＡＩが出てきた時もそうだったのですが、表面的に「シンギュラリティーが来る」という記事を読んで終わりにせず、実際に触ってみて、これはここまで使えそう／使えなさそうという当たり感覚を自分の中で持つことが大事だと思います。

ただ、最新の情報はほとんど英語である現状、悲しいですが日本語で勉強している時点で遅いのです。そして、実際にChatGPTを使っていただいたら分かるのですが、日本語と英語では結果が違います。多くの場合、英語の方が詳しい結果が出ます。なぜかというと、英語の方が事前学習できる量も圧倒的に多いことも関係しているでしょう。英語の話者の人口は約15億人いると言われています。日本語の1億人とは桁違いです。また、日本語は主語が省略されたり、語順が柔軟に変化したり、音読み、訓読み、方言、ひらがな、カタカナ、漢字を組み合わせるなど扱うのが英語に比較してとても難しいこともあります。そうすると、経済的な理由や研究での優先度の理由で、日本語での優秀な開発者が多くいない限りは、開発は後回しにされてしまいます。

そのため、ハードルが上がってしまいますが、人工知能の研究の最先端を知るためには日本語ではなく英語で行わなければならず、言語の壁を越えた学習というのが今まで以上に必要とされています。最前線の研究者はほぼ英語圏にいるためです。

現在は、DeepLなどの人工知能で進化した高度な翻訳サービスがありますから、言語の壁を乗り越えつつ、技術ビジネスの経験がなく、詳しくもない記者や評論家が書く扇動的なメディアに任せず、自分で疑問、仮説を立てて能動的に学んでいく習慣を付けることも重要です。今では、最前線の講義が無料の動画サイトで翻訳字幕付きで見れる時代です。その上で、自分がどういった仕事をしたいのか、どういった付加価値を付けたいのかということを考えれば冷静に新しい技術を活用することができるでしょう。

言語や画像以外の、生成AIの可能性

現在の生成ＡＩでは、言語や画像以外の分野だと、音楽の生成にグーグルが取り組んでいて、動画の生成に取り組んでいる企業もあります。生成系ＡＩによって様々な分野で進化が起きるでしょう。

こうした傾向に、「クリエーターが食えなくなる」という批判の声もありますが、歴史的に見れば、「電卓やエクセルによって、そろばんの人の仕事がなくなる」という話と同じ構図だと個人的には考えています。つまり、新しいツールを使いこなす人が、より生産性を高く仕事をこなすようになり、その浮いた時間をよりクリエイティブな分野に使うほうが、個人や社会にとっては望ましいでしょう。新しいテクノロジーを使うことで、社会全体の生産性を高め、より付加価値が生み出されていくと思います。もし合理的な理由なく古い

テクノロジーに固執すると、いち早く新しいテクノロジーを取り入れた他の国に経済的な競争で負けてしまうため、国としては負の側面が強くなります。

マイクロソフト対グーグル 熾烈なAI開発争いに、日本企業は

ChatGPTを開発したOpenAIは、イーロン・マスクらが2015年に設立し、サム・アルトマンという当時約30歳の若手起業家がCEOを務めています。当初は、非営利法人の研究所として設立されたのですが、2019年には営利法人も設立され、現在は非営利法人と営利法人のハイブリッド体制で経営されています。もともとの経緯としては、「人工知能を人類全体に利益をもたらすこと」を使命に設立された非営利法人ということもあり、グーグルやフェイスブック（現在のメタ）などのビックテックの従業員とは異なる形で、人工知

能の開発をしたいという面白い人材が集まっていました。

今回、OpenAIの評価額が約3兆円といわれる中で、マイクロソフトは最大約1兆円もの投資を行うことが報道されています。「高過ぎる、何に使うんだ」という意見はあると思いますが、クラウドでのデータを処理だけでも数億円がかかり、処理に使うパラメーターも毎年10倍ぐらい増えているため、人工知能の開発は多額のお金がかかるようになっています。そういった事情を踏まえると、日進月歩のＡＩの世界の中では、最大1兆円もの金額でも出し過ぎというわけではないのです。

人工知能の分野においては、DeepMindを買収していたグーグルと比較して、マイクロソフトはこれまで弱かったです。もともと人工知能の研究はグーグルが先導しており、LaMDAという対話アプリケーションの開発も進めていたのですが、リスクへの懸念もあってなのかもしれませんが、ChatGPTのようなＡＩチャットボットのサービスは出さずにいました。

ところが、２０２２年11月にOpenAIがChatGPTを発表し、ユーザーが１００万人までに大体5日、1億人までに大体2カ月というような驚異的なスピードで普及しました。これはかつて大ヒットしたPokémon GOと同等のスピードです。こうした現状を受け、2023年2月に、グーグルは「Bard」という会話AIサービスを急遽発表しています。しかし、発表のAIサービスの結果に不正確な内容があったことから、「公開は早急すぎたのでは」という声も聞かれました。新興のOpenAIによるサービスが不正確であっても評判の下落インパクトは大きくありませんが、今や大企業であるグーグルが同様のことがあると、評判は大きく下がります。ここが、新興企業が大手企業に対してリスクを取りやすい理由の一つです。ただ、マイクロソフトがOpenAIとの提携を深めれば深めるほど、評判によるリスクはマイクロソフト側にも起こる可能性があることに注意しなければなりません。

マイクロソフトは今後、検索だけでなくOfficeのてこ入れにChatGPT を利用する可能性があります。WordにChatGPTが取り込まれれば、法律の文書などの自動精査や自動作成ができたり、マイクロソフトはコード管理のウェブサービスであるGitHubを2018年に買収していますのでコーディングをさらに自動生成もできたり、補完できるサービスが想定されます。

また、ChatGPTによって、ウェブブラウザーを開いて、いろいろな情報を集めることの負担が少なくなるため、リサーチ業務なども随分と変わる可能性があります。具体的には、ExcelやPowerPointなどにChatGPTのようなものが組み込まれて、「あなたはこの情報が欲しいのでしょう」という提案が瞬時に出てくるようになるかもしれません。リサーチや情報を整理する業務が楽になっていく可能性があるでしょう。情報を整理してくれるパーソナルアシスタントがついてくれると思えば想像しやすいのではないでしょうか。業務の方向性はあくまで自分が決めなければなりませんが、細々とした情報抽出の作業は自動化される余地が大きいです。ただ、その際にはどのようなデータのやりとりをしたのかという内容の共有範囲が明確化されなければ、欧州などのデータ規制の厳しい国では普及は遅くなるでしょう。

このように、ウェブサイトを閲覧して、その上で何か答えをまとめないといけないケースではChatGPTなどのほうが単に検索よりも手間が少なくなる可能性があります。ただ、ホテルを予約したいという時、オンラインで買い物をしたい時などは、チャットボットである優位性は少し薄れます。そういった意味で、検索とチャットボットＡＩは競合というよりも補完という側面が強いと個人的には考えています。

生成ＡＩに出遅れた日本企業がやるべきこと

新しいテクノロジーが出てきた時に、コストカットなどを売り込むコンサルは多いのですが、実際にこれを使ったらこういったビジネスモデルができるという売上を上げるような提案はあまり来ません。というのは、新しい技術が出てきた時に、そのテクノロジーを使って自社ビジネスモデルのどこを最適化できるか一番分かっているのは、その事業会社だからです。どのように顧客との関係や業務プロセスを最適な形にするか、コンサルに頼るのではなく自社で検討したり、技術のビジネスへの応用に詳しい人と壁打ちをする必要があります。

現在使っているチャットボットをChatGPTに置き換えましょうと、ただ導入するだけでは不十分で、例えばですが、社内で持っているデータを全てモデルに取り込み、自分たちの業界に合わせたアルゴリズムを活用したサービスを、他の企業に売れるかもしれません。そういった今持っている自分たちのデータやアセットを、生成系ＡＩを利用して新しいビジネスモデルができるのではないかという仮説を持つことが必要とされています。そして、おそらく、その会社がやらなければ他の企業がやるでしょう。

人工知能が出てきた時も日本で「安全性がうんぬん」といった議論をしていたら、あっという間に置いていかれてしまいました。ただ、ソフトウェアはもう負けたからとあきらめてはいけません。例えば台湾出身の起業家が設立したＮＶＩＤＩＡもハードウェアである半導体から入ってきて、そこから人工知能にも研究を重ね、今は生成型ＡＩでもＮＶＩＤＩＡだったらこんなことができますとソフトウェアも加えたソリューションのプラットフォームを提供しています。他方で、日本企業はハードが強ければいいんだと過信することが多く、ソフトやデータを活用したソリューションもできたら、今後のテクノロジーの変化にも対応できるだろうなと思います。

Ｗｅｂ３やメタバースといった概念が先行しているものに時間を使いすぎるよりも、より着実に進化している人工知能をしっかりウォッチしていない企業は要注意です。メタバースでバーチャル店舗を作ることは簡単ですが、それが本当に売上の向上になるか検討すべきです。何か新しいことをやっています感ではなく、着実に進化する可能性が高い人工知能に目を向けなければなりません。経営陣こそが、テクノロジーは分からないからコンサルに丸投げではなく、新しい技術を経営ビジョンにどう取り組むか検討することが大事です。

画像を生成するＡＩも登場 海外技術情報が重要な理由

ChatGPTに質問を入力すると、自然な会話のようにＡＩが作成した回答が返ってくるのです。

試しに「生きるとは何か?」という質問を入力してみると、図表のような答えが返ってきました。もしこの答えが、学生への課題の回答に使われていても、違和感は少ないのではないでしょうか。

ChatGPTは２０２２年11月末にインターネットで公開されてから、そのクオリティーの生きるとは何か？

生きるとは、生命を持った状態であることを意味します。これは、人や動物、植物などがまだ生きていることを意味します。生きることは、身体的には呼吸や心臓の鼓動などを続けることを意味し、精神的には感情や思考などを持っていることを意味します。生きることは、自然界の一部であり、自然界のプロセスの一部として存在することを意味します。

対話AI「ChatGPT」の回答例

高さがＳＮＳなどで話題になっています。22年のテック関連のニュースを振り返ったときに、将来的にインパクトを持つ可能性があると思われるうちの一つはＧＰＴ（Generative Pre-trained Transformer）というＡＩの分野でしょう。

「生成ＡＩ（Generative AI）」とも呼ばれるテクノロジーは、大量のテキストデータによって事前学習済み（Pre-trained）のベースモデルをもとに文章を生成（Generative）する「Transformer」と呼ぶ自然言語処理の分野で使われる深層学習モデルを用いています。画像やキーワードを組み合わせることでコンテンツを生成するＡＩの手法です。

ChatGPTは100％の正解を返してくるわけではありませんし、不適切な質問は回答を拒否されることもあります。しかし友人や家族と話しているようなカジュアルな話し言葉であっても、文脈を読み取って的確に返答してくれます。ＡＩの精度は数年前と比べて格段に進化しているのです。

22年夏には同じく生成ＡＩの分野で、英スタートアップ企業のStability AI社が開発した「Stable Diffusion」が世界中で話題になりました。「ゴッホが描いた東京タワー」のようにキーワードを入力すると、とてもそれらしくかつリアルで高品質な画像を生成するプロダクトです。

生成した画像は商用利用も可能と聞けば戦々恐々としたクリエイターも少なくないでしょう。オープンソースとして公開されたため、誰もが無料で気軽に試せる点も強みです。

こうしたプロダクトはＳＮＳやメディアで一時的に盛り上がった後、ブームとして消費されていくように思われがちです。実体がないようなはやり言葉はバズワードとして淘汰されていきますが、こうした今後も成長していくＡＩのようなテクノロジーは消えずに不確実性が高い時代の中でも着実に進化していきます。この見極めがかつてない価値を持ちます。

例えば、日本では多くの企業がチャットボットを活用しています。しかし、このような新しいサービスを自ら積極的に試してみなければ、あっという間に古い技術を使い続けてい

英スタートアップのStability AI社が開発した「Stable Diffusion」の作画例

る状態になってしまいます。GPTのような大きな技術的な進化があると、ほかの企業がすぐには追いつけなくなる場面があるのです。

特に重要なのは、チャットボットのサービスなどを提供している会社は独自のアルゴリズムを開発しているというよりも、既存のアルゴリズムを少し改変しているだけの例もあることです。同じ「AIベンチャー」と呼ばれる企業のなかでも、独自にアルゴリズムを開発しているベンチャーと、開発請負やコンサルティングだけをしているようなベンチャーは分けて扱わなければなりません。特に日本の技術力を上げていくためには、こうした区別が必要です。

生成ＡＩとは異なるテクノロジーですが、多言語の翻訳ＡＩではDeepL（ディープエル）というドイツの企業も目覚ましい翻訳精度の進化を見せつつありますし、米グーグルの翻訳テクノロジーもかつてより大幅に進化を遂げています。グーグルのスマートフォン「Google Pixel 7」に搭載されている翻訳や同時通訳の機能はリアルタイムかつスピーディーな性能が高く評価されています。

日本語への翻訳精度で競っているベンチャーのプロダクトには、80言語以上に対応する名刺サイズの携帯型翻訳端末「ポケトーク」があります。開発元のポケトークは既存の企業からスピンアウトして新たに資金調達をするという方法で自社サービスに新技術を取り込もうとしています。

AI翻訳で海外技術情報を把握

こうしたAI翻訳技術の刷新によって、海外旅行や外国人とのコミュニケーション、外国語学習なども今後大きく変化していくでしょう。新型コロナウイルス禍によって出入国が難しかった状況のあとに、これから起こるインバウンドの大きな需要はもちろん、普段の仕事で海外の最先端技術の事例を調べる際にも言語の壁を乗り越えて効率的に情報を得ることがより容易になります。

例えば、ビジネススクールなどで使われるケーススタディーで、英語で読もうと思ったら読み終えるまで30分かかるような資料も、母国語に翻訳できれば5分で頭に入るといったようなメリットがあります。もちろん外国語の能力を向上できるのなら、それに越したことはありません。しかし学習効率で考えれば、母国語で学ぶ機会を組み合わせることにも意味があります。

言語の壁を越えたコミュニケーション、それを突き詰めて考えれば自然と行き着く先は、脳波の利用です。言語を発する前の脳の活動がどう情報を処理しているのか分かれば、わざわざ音声や文字を介さずとも言語になる前の状態の意思をくみ取ることができます。言語を超えた高度なコミュニケーションが可能になるでしょう。

マスク氏率いる米スタートアップのニューラリンクは22年11月に発表イベントを開き、研究の成果を発表しました。彼らが究極的に目指す理想は、脳にデバイスを埋め込むことで他者とテレパシーのように会話できる形だとしています。

もちろん、その実現には技術的にも倫理的にも壁が立ちはだかっていますが、ＡＩによる翻訳技術が行き着く先の究極の形と捉えることもできるでしょう。スマホの次は何かといわれているなかで、長期的なビジネスとしても重要な取り組みになります。

この分野の研究の最先端はほとんどが米国や英国、ドイツといった日本以外の国で盛んです。それだけに日本語の情報を収集するだけでは誤った判断をしてしまう可能性が高いのが実情です。

こうした技術の進化は華々しいものよりも地味な機能の改善も多く、経済ニュースとして取り扱われることも少ないでしょう。日本のビジネスリーダーは英語で公表された技術的な情報も、ＡＩ翻訳を通じて積極的に把握して取り組んでいかなければなりません。

Part 2

テクノロジーが変える地政学

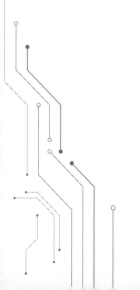

Tech Giants
and
Geopolitics

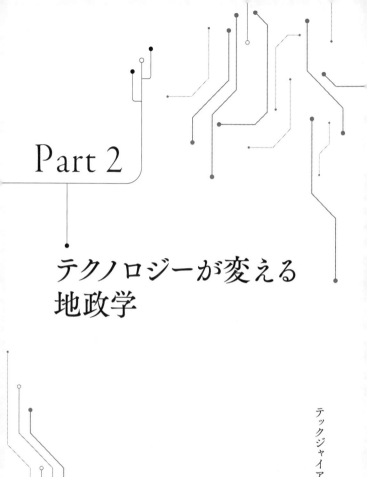

ウクライナ情勢も影
MWCで見たテクノロジーの地政学

ロシアによるウクライナ侵攻を受けて、米アップルはiPhoneを筆頭に自社製品のロシア国内での販売を中断しました。ウクライナ情勢によって世界のテクノロジーの動向はどう変わりつつあるのでしょうか。

ロシアのアップルストアは全店が休業状態となり、決済サービス「Apple Pay」の利用も制限されています。アップルだけではありません。米マイクロソフトや米グーグル、フェイスブックを運営するメタ・プラットフォームズなどのビッグテック企業もまた、ロシアに対してアクセス制限や記事閲覧のブロック、販売停止などの厳しい措置に乗り出しました。

一方で、金融取引が停止した影響もあり、ビットコインなどの暗号資産の取引が活発になっています。こうした動向から、いまやデジタルテクノロジーは欧米諸国による金融・経

世界最大級のモバイルテクノロジーの見本市
「Mobile World Congress 2022（MWC）」の基調講演の会場＝ロイター／アフロ

済制裁に加えて地政学への影響が増加しつつあります。

昨今のサイバー攻撃やフェイクニュースなども、物理的な攻撃と同時に国際情勢を反映しています。もはや従来のような国際政治や世界経済の枠組みではなく、デジタルテクノロジーを含めた視野を持たなければ、地政学や経済安全保障を考えることができなくなりつつあります。

ウクライナ情勢が深刻化するのと同時期に、スペインのバルセロナで2022年2月28日から世界最大級のモバイルテクノロジーの見本市「Mobile World Congress 2022（MWC）」が開催されました。展示を実際に見て感じた、ウクライナ情勢とも決して無関係ではないテクノロジーの動向を紹介しましょう。

ＭＷＣは新型コロナウイルスの感染拡大により20年は中止に追い込まれ、21年は大幅な縮小を迫られましたが、22年は大手スマートフォンメーカーのほとんどが出展するなど、現地はかつての活気を取り戻しつつあります。

その中で日本企業は日本独特の新型コロナ感染予防への水際対策の影響もあり、三木谷浩史会長兼社長が参加した楽天グループや富士通などを除くと、出展やトップの参加は少なく、ほぼ存在感はありません。

米国企業のうち米アマゾン・ドット・コムはクラウド事業のアマゾン・ウェブ・サービス（ＡＷＳ）や、今やYouTubeよりも規模が大きいといわれる広告事業の「Amazon Ads」、サブスクリプションサービスを手掛ける「Amazon Fuse」をアピール。マイクロソフトはクラウド事業や2画面の新規端末である「Surface Duo2」などをアピールしていました。

このＭＷＣではロシア関連企業の一部出展は中止されました。しかし、それはビジネス上の影響が軽微であるがゆえに、主催者が決断しやすかったのでしょう。

ファーウェイなど中国勢に注目

一方で特に注目すべきは、中国系企業の動向です。米国で開催されるCESとは異なり、欧州が主な開催地となるMWCには、米国と安全保障において緊張関係にある中国の企業が比較的多く出展しました。

22年は通信機器大手の華為技術（ファーウェイ）、スマホを主力製品とするOPPO（オッポ）、ファーウェイから独立したHonor（オナー）、21年に日本へ進出した新進スマホメーカーrealme（リアルミー）など、50社以上もの中国企業が新製品を発表。ソフトウェアからモバイルデバイス、高速充電システムまで、最先端を行く自社のテクノロジーと存在感を欧州市場にアピールしました。

韓国メーカーのサムスン電子はCESで自社のビジョンや新製品のプレゼンを積極的にアピールして、半導体の製造拠点など主に米国に重きを置いています。それと同様の熱量で、中国メーカーはMWCでの発表に力を入れて欧州向けにアピールしたのです。

中国メーカーの強みは他国のメーカーと遜色ない、もしくは同等以上の品質と価格の安さです。最近では特にクラウド事業の市場シェア争いが活発です。米国と近い関係ではない欧州の一部の国は、その魅力に引かれて導入を検討しています。

とりわけ中国最大のテック企業であるファーウェイは、米国政府による半導体の入手を制限するなどの制裁措置を受けて、「安全保障上の脅威」という判断からファーウェイを含む中国企業5社の製品が米国内で販売ができなくなりました。英国やスウェーデンも、米国の動きに追随しています。

今回のMWCでファーウェイが発表した「2-in-1」のタブレットPC「MateBook E」や、e-inkディスプレー搭載の手書きメモも可能な電子書籍リーダー「MatePad Paper」などは、各国メディアの注目を集めました。しかし、いずれも米国への上陸予定はありません。

近年スマホ事業の不振が続くファーウェイが、次にどの領域に活路を開くのかを見極める上でも、MWCのような場は重要な機会といえるでしょう。現代では単に新商品、新サービスの概要だけでなく、国家間の背景も見通さなければなりません。

ウクライナ情勢が示すように、もはやテクノロジーは経済・政治・金融の隅々にまで根を張っています。グローバルな見本市は、国家間の対立構造やその先の潮流の方向性をも浮き彫りにする、テクノロジーの地政学を学ぶ機会でもあります。今回のロシアに関連するものだけでなく、別の国に関連するものもこれから深刻化する可能性が増してきました。

グローバル企業のリーダーが経済安全保障の枠組みのなかで刻々と変化する情勢に合わせて対話するなかで、状況をリアルタイムで把握することは重要です。これは第三者に任せて受動的に把握できるものではありません。日本は22年3月から水際対策を緩和しました。日本企業の経営陣自らが能動的に体感し、学び続ける必要性がより増してくるでしょう。

ウクライナ侵攻とテクノロジー浮き彫りにした課題

ロシアによるウクライナ侵攻で現地から届けられる切実な状況、残忍な行為が日本に伝

米スペースXが2022年3月3日に衛星インターネットサービス「スターリンク」の人工衛星を搭載して打ち上げたロケット「ファルコン9」=AP／アフロ

えられる一方、寄付やデモ以外にできることはないかともどかしく思う人も多いと思います。テクノロジーの活用によってできることがある一方で、課題も浮き彫りにしています。

31歳のデジタル大臣によるウクライナからの要請もあり、米スペースXを率いるイーロン・マスク氏は衛星インターネットサービス「スターリンク」の送受信機をウクライナに提供し、ロシアによる通信の遮断に対して対抗しました。

米ベンチャー企業のエアビーアンドビーも、民泊のシステムを通じて実質的に直接ウクライナのホストに資金を集める仕組みを奨励しました。手数料を限りなく少なくして支払った額がホスト側に届くというものです。

今回の侵攻は物理的な攻撃にとどまりません。フェイク動画や誤情報の拡散、サイバー攻撃など、情報戦の要素も増しており、テクノロジーの課題も浮き彫りにしています。日本も大国に隣接しているため、ひとごとではありません。

暗号資産が経済制裁の抜け道に

フェイスブックなどを運営する米メタはロシアの検察当局によって過激派組織と認定され、同社が運営するインスタグラムは通信を遮断されました。ロシアの銀行が国際決済網の国際銀行間通信協会（ＳＷＩＦＴ）から排除されたり、国際企業がロシアから撤退したりしています。西側各国によるロシアへの経済制裁は過去にないほど大規模なものとなっています。

それでもなお、ロシアはいまだ決定的なダメージを被るに至っていません。欧米諸国のほかに制裁には積極的ではない国もあるという理由もありますが、かつてのような既存の送金チャネルが金融の流れの中心ではなくなりつつあるからです。

今回の侵攻を受けてウクライナ政府は、暗号資産のイーサリアムとビットコインなどを通じて5200万ドルを超える寄付を集めています。暗号資産のような新しい通貨の形が、ウクライナの人道支援において役立つことは意味があることです。しかし裏を返せば、ロシア側もこうした形の資金の移動が可能であるということを意味します。

米バイデン大統領は22年3月9日に署名した大統領令において、暗号資産のメリット・デメリットを評価する報告書を作成するとしています。ウクライナやロシアでの現状も考慮に入れた暗号資産の活用や監視に動くとみられています。

SWIFTの決済停止によってルーブルは暴落しましたが、ビットコインそのものはロシアからのアクセスを遮断していない暗号資産交換所もあるので、取引の抜け道がありますす。だからこそ、経済制裁の影響力は相対的に低下していると見ることもできるでしょう。分散化のネットワークができることによるメリットはたくさんありますが、こうした非常事態においては逃げ道にもなりうるともいえます。

フェイク動画に備えを

金融の流れが多方向に行き交うようになったのと同じく、情報のチャネルも多様化しています。国営放送をほぼ唯一の情報源とするロシア国内の中高年と、ツイッターや動画投稿アプリ「TikTok（ティックトック）」のように複数のSNSを使いこなしている若い世代では、入ってくる情報の量と内容がまったく異なりますし、真実かどうかを見極める能力にも違いがあります。

TikTokに関しては、親会社の北京字節跳動科技（バイトダンス）が中国政府からの独立性を担保しているという発表をしています。とはいえ中国の政治的な動きも見ておかなければなりません。

ウクライナ情勢に関しては、英シンクタンクであるデモ（Demos）のソーシャルメディア分析センターリサーチディレクターのカール・ミラー氏による分析では、大規模な偽情報の拡散活動が報告されています。

しかも偽のウクライナ大統領が降伏を呼びかけるフェイク動画や、過去の軍事演習の動画を組み合わせてまるで戦闘が現在起きているようにみせかけたフェイク動画などが出回っています。人工知能を使って巧妙に似せて作られ、ぱっと見では本物と見分けがつかないだけに、多くの課題が浮き彫りになっています。

新型コロナウイルスもそうでしたが、混乱している時こそ偽情報の影響が大きくなりがちです。普段から警戒したり手口を把握したりしておくといったテクノロジーのリテラシーのアップデートが必要でしょう。残念ながら日本のテレビ局であっても、フェイクへの対抗手段である「ファクトチェック」をせず、偽情報に影響された内容を報道するなど無防備な状態が露呈しています。

日本企業も狙われるサイバー攻撃

一方で、サイバー攻撃に関してはテクノロジー企業の動向が参考になります。例えば米グーグルによるセキュリティー企業の買収が相次いでいます。

グーグルは2022年1月にイスラエルのスタートアップ企業「Siemplify（シンプリファイ）」を買収し、3月には米セキュリティー大手の「Mandiant（マンディアント）」をそれぞれ買収すると発表しました。前者の買収額は推定5億ドル、後者は54億ドルと巨額であり、クラウド環境のセキュリティー強化が目的と思われます。

ウクライナ侵攻後にはウクライナの政府や金融機関に対するサイバー攻撃が激化し、今なお大規模な攻撃が続いています。しかしウクライナも22年2月27日にＩＴを駆使する軍隊を設立してロシアに反撃。その後、現時点までウクライナ側は大きなダメージは受けていないように見受けられます。

数々のサイバー攻撃をしかけてきたとされるロシアの隣国として、長年にわたって危機にさらされ続けてきた教訓からでしょう。ウクライナのセキュリティー対策の危機感はかなり高く、同じくロシアの隣国でＩＴ先進国として知られるエストニアもまたサイバーセキュリティー対策のレベルが非常に高いことで知られています。

一方で、ロシアの標的はウクライナだけではありません。ロシアに対して経済制裁を行った欧米各国や日本に対しても、報復措置としてロシアがサイバー攻撃を仕掛けている可能性は高いでしょう。とりわけ日本は諸外国と比較すると経済力に対しサイバーセキュリティー対策が相対的に脆弱なため、狙われやすい立場にあります。

ロシアがウクライナに侵攻した直後、日本でも経済産業省がサイバーセキュリティー対策を強化するよう国内企業に注意喚起をしました。いまだにメールを使って添付ファイルとパスワードを別送している企業は注意が必要でしょう。コロナ禍でリモートワークが進んだり、職場に久しぶりに戻ってくることも関係していますが、今回の戦争によってサイバー空間のセキュリティー警戒度は世界的に急上昇しています。

日本企業の海外拠点もすでに多数の被害を受けています。22年3月13日にはトヨタ自動車グループのデンソーのドイツ法人が身代金要求型ウイルス「ランサムウエア」によるサイバー攻撃を受けたと明らかにしました。サイバー犯罪グループ「Pandora（パンドラ）」はデンソーの機密データを大量に盗み出したことを匿名性の高い闇サイト群であるダークウェブ上で公表。デンソーは21年12月にもメキシコ工場でサイバー攻撃を受けています。

こうした事例は氷山の一角にすぎません。企業がサイバー攻撃を受けた場合、一定の重要情報が流出するようなケースに至らない限り、現在は公表の義務がないからです。今後の法改正が見込まれていますが、ランサムウェアで身代金を要求された結果、言いなりにならざるを得ず、数千万円を支払ったことを表沙汰にしていない企業も多数あると推測されます。

企業はセキュリティーベンダーに対策を丸投げして放っておくのではなく、常に最新情報をフォローしながら、他社の被害事例を他山の石として対策の改善を重ねるしかありません。セキュリティー対策は次々に出てくる穴をふさぐ作業の繰り返しであり、できるならば次に出てきそうな穴にも先回りして対策をする必要があります。

テクノロジーの進化によって、従来の国際的な枠組みの中で型通りの制裁をするだけでは効果は限定的です。日々進化を遂げるテクノロジーを常に把握しなければ、国際関係や安全保障、人道支援にも影響します。各専門分野の枠を超えて知見を共有しておかなければならないでしょう。国連の常任理事国が他国に侵略するという通常では考えにくい状況が起きている現在、平時のリスクシナリオよりもさらに想定の幅を広げて対策を準備しなければなりません。

緊張続く米中関係
中国発の新興企業台頭に見る妥協点

ナンシー・ペロシ米下院議長や複数の米上院議員が相次いで台湾を訪問し、米中の緊張が引き続き高まっています。一方で、経済的なメリットを考えて部分的に歩み寄りもみられます。動画共有アプリTikTokに続いて米国など海外市場を席巻している中国発の新興企業の動きから読み解いてみましょう。

22年8月下旬に米国と中国は米株式市場に上場する中国企業への監査状況について、中国の証券規制当局が米国当局の検査を受け入れることで暫定合意しました。これを受けて米証券監視当局は、中国のネット通販大手のアリババ集団やネット通販2位の京東集団(JDドットコム)、ネット検索大手の百度(バイドゥ)、ゲーム大手の網易(ネットイース)などの大手企業の監査資料について、22年9月に検証を行う予定になりました。激化しつつあった米中の対立に変化が見られます。

中国はこれまで国家安全保障の観点から、中国企業の監査業務に関するデータへのアクセスを拒否してきました。しかし中国は全土で起きている住宅ローン返済の拒否運動や、新型コロナウイルス禍の影響によって国内経済に陰りが見えています。

中国が米当局による中国上場企業への監査資料の検証を容認した背景には、中国企業が米株式市場から締め出される事態を回避する最初の一歩だとみられています。中国は米国上場という巨大マーケットとのつながりを確保して国内経済を支えようとする国家戦略としての判断があるのでしょう。

ただ、米半導体大手のエヌビディアは一部のGPU製品を中国やロシアに輸出する際に米政府の承認が必要になると明らかにしました。こうしたことから、米中は純粋な経済活動が目的の企業と、経済安全保障に関連する可能性のある企業を分けて、それぞれ対応していくようになりつつあります。

世界中で人気を集めている中国発のティックトックについては中国にある運営拠点の従業員が米国ユーザーの個人情報にアクセスしていたという報道が22年6月に出たのも、両

中国の配車アプリ大手である滴滴出行（ディディ）は
22年5月に米ニューヨーク証券取引所の上場廃止を決議した＝ロイター／アフロ

国関係の緊張と無縁ではないでしょう。

この報道を受けて米連邦通信委員会（ＦＣＣ）の委員が「国家安全保障上のリスク」を懸念し、米アップルや米グーグルに対して両社が運営するアプリストアからティックトックを削除するように要請したことからも危機意識の高さがうかがえます。インドも同様に厳しい処置を行っています。

近年アジアの新興企業はアジアの中で一定の成功を収める一方で、アジア以外、特に米国で成功を手にするのは難しいといわれてきました。しかし中国発の新興企業が世界に影響を与えている例は、ティックトックだけではなくなっています。

米アマゾン超えの中国発SHEIN

中国発の越境ネット通販のアパレルブランドである「SHEIN（シーイン）」をご存じでしょうか。情報を積極的に開示しない姿勢や10代の若い世代に人気があるブランドの企業であるため、多くの人は知らないかもしれません。

アプリを運営しているシーインは情報工学を専攻した20代の許仰天（クリス・シュー）氏が2008年に中国で設立。中国の国内よりも米国など海外市場を重点的に開拓し、カジュアルウェアやアクセサリー雑貨の販売を中心に150カ国以上で事業を展開しています。

模造品や製品の安全性、生産過程におけるさまざまな問題も抱えつつも、1990年代後半以降に生まれたZ世代の若年層から圧倒的に支持され、米国市場でも爆発的な成長を遂げています。22年4～6月期には米国でのアプリダウンロード数が前四半期13％増の約680万回と過去最高を記録し、米アマゾン・ドット・コムを超えたと伝えられています。

若年層の間では圧倒的な利用率を誇り、売上高は約2兆円超。推定時価総額は

1000億ドルを一時突破したといわれています。これが持続可能であれば大手ファストファッションブランドであるスペインの「ZARA（ザラ）」やスウェーデンの「H&M」を合わせた時価総額も超える金額です。

人気の秘密は激安と呼べるほどの低価格帯の豊富な商品、デジタルマーケティングやインフルエンサーの活用、トレンドを素早く取り入れるスピード感、返品可能な手軽さ、そしてアプリの使い勝手のよさです。

コロナ禍でアプリのダウンロード数が激増したことも追い風となりました。そして、これらの成長はデータ分析によって支えられています。つまり将来ニーズがありそうな多品種の服を少ないロットで生産し、販売データを即分析してはさらに売れそうな品目ならばいち早く最適なサプライチェーンを構築して増産する、という手法を地道に実現してきているのです。

時代の流れやタイミングもありますが、ティックトックやシーインなどの中国発の企業が成功を収めている背景には、データサイエンスなど科学技術に通じる人材への投資がここに来て実を結んでいるという見方もできます。

医学や工学といった学術分野では、ほかの研究者からの論文の引用回数の多さを順位付けして上位1％以内に入った論文を「トップ論文」と呼びます。22年8月に発表された最新のトップ論文の世界シェアランキングでは、中国が米国を抜いて初の世界1位の座に就きました。

引用回数の多さは、その研究内容が優れていることの証明でもあります。中国が一丸となって科学技術の育成に注力した成果が、ティックトックやシーインのような形でビジネスでも結実してきています。

米中の関係性は依然、緊張状態が続いています。しかし、その中でも両国はともに経済合理性の観点から実利で妥協できるポイントを探り始めています。両国の関係はいつまでも全面的に冷え込んでいるわけではないのです。

経済安全保障の観点から、台湾は半導体製造大手の台湾積体電路製造（ＴＳＭＣ）、韓国は電池製造大手のＬＧ化学や半導体関連製品のサムスン電子を通じて、米国との関係を強めつつあります。日本はパナソニックホールディングスが22年7月に米カンザス州での電気自動車用電池の工場建設に５５００億円を投資すると発表したものの、台湾や韓国に比べると、米国における日本のテクノロジー企業の存在感は乏しい状況にあります。

安全保障の観点はもちろんのこととして、世界で活躍する起業家を輩出するためにも、いま一度日本はテクノロジーへの投資や抜本的な基盤整備を進めていかなければならないでしょう。

Part 3

曲がり角のテックジャイアント

テックジャイアントと地政学

Tech Giants and Geopolitics

コロナ禍で問われた大手テック企業の「持続可能性」

ワクチン誤情報でスポティファイに抗議

スウェーデンの音楽配信大手スポティファイ・テクノロジーの「Spotify」が配信するポッドキャスト番組に抗議して、ベテランのロック歌手であるニール・ヤング氏が22年1月に同社から自身の楽曲を引き揚げると発表しました。Spotifyは配信番組で、あえて過激なコメントをする有名コメディアンがワクチンについて誤った情報を伝えていたため、「拡散した偽情報を信じた人たちの死につながりうる」と抗議したのです。

彼の判断を支持するジョニ・ミッチェル、デビッド・クロスビー、グラハム・ナッシュなどの人気ミュージシャンも同様に、スポティファイに対して楽曲の削除を要請しました。

音楽配信大手スポティファイ・テクノロジーの「Spotify」=ロイター/アフロ

スポティファイは近年、会員獲得のために数百億円の単位で有名ポッドキャスト番組をほかのサービスから引き抜いて充実させてきました。ビジネスの観点でポッドキャスト番組が話題になるように内容の真偽とは関係なく誤情報さえも利用して有料会員を増やすことに専念してきたのです。

しかし、それではビジネスが「サステナブル（持続可能）」ではなくなりつつあります。スポティファイはこうした抗議活動に加えて22年2月2日の決算発表で有料会員数の見通しが低調だったこともあり、時間外取引で上場来最大の株式価値の下落を記録しています。スポティファイのダニエル・エク最高経営責任者（CEO）は「配信内容の方針について対応するのが遅すぎた。私の責任である」とコメントしています。

抗議活動をしたアーティストたちは単に配信料という対価よりも「正しく行動するインターネットプラットフォームを選ぶ」という選択しました。これは単にもうかることを優先しないＥＳＧ（環境・社会・企業統治）投資や、国連の「持続可能な開発目標（ＳＤＧｓ）」の取り組みにも通じるところがあります。

日本ではこうした用語だけが飛び交いますが、実際の事例をつぶさに観察し、自社や提携先への行動に反映する必要があります。例えば22年になっても大手プラットフォーム事業者のコメント欄や動画、音声サイトは新型コロナに関する誤情報の温床になっています。

表現の自由はもちろん大切ですが、公益を害する発言や中傷までも両論併記の名のもとにそのまま提示していては、デマや誤情報の拡散を助長させているのと同じです。自主規制すべきところをできていないのが現状です。

このような世界の情勢を鑑みると、日本の現状は危機的といえます。あるベテランのタレントがテレビのニュース番組で「単なる風邪だと思えば」と発言したり、別のベテランタレントも自身が司会者を務める番組で「5歳以上からワクチンを打たせようなんて狂気の沙汰」と発言したりして物議を醸しました。

米製薬大手ファイザーと独ビオンテックの2社は、5歳以上の子どもたちを対象にした臨床試験（治験）を行った上で承認申請をしています。インフルエンザの予防接種については日本や米国では生後6カ月の赤ちゃんから可能です。

ちなみに「感染することによって免疫をつけよう」という発想は避けたほうが賢明です。どのような症状が出て、どれくらい後遺症が残るのか、その度合いを個人がコントロールすることは不可能だからです。ブースター接種による副作用と、重症化や後遺症がどう出るか分からないリスク。両者をてんびんに掛ければ、どちらを選ぶべきか明らかなはずです。

国内では若いテレビアナウンサーが退職して科学を伝える方法を学ぶことを発表するなどの一方で、日本は科学に基づかない水際対策として観光や就労、研究、留学など目的に関係なく外国人の新規入国を厳しく制限して実質上の「鎖国」を行ってきました。

外国人留学生も続々と日本で学ぶのを断念しています。もしかすると将来的に日本文化の良き理解者になってくれたかもしれない留学生たちが国内大学への受験すら許されず、日本以外の国に留学先を変更した事例も少なくありません。ワクチン接種や陰性証明などを活用して、渡航制限は緩和・撤廃すべきだとＷＨＯも述べています。

ツイッター買収騒動を読み解く 利益優先か社会性か

米テスラや米スペースＸ（Space X）を率いるイーロン・マスク氏が、米ツイッター社に現金約４００億ドル（約５兆円）という巨額の買収を提案しました。日本でいえば日立製作所や大手商社に近い時価総額ですが、この規模のプラットフォーム企業を個人が買収するというのは初めてのことです。なぜ個人でツイッター社の買収を試みたのでしょうか。

米証券取引委員会（ＳＥＣ）の資料によると、マスク氏はツイッター社の株式を２０２２年１月から買い増し、４月４日に９・１％（約３０００億円）を保有する筆頭株主になりました。同氏は現在テスラなど約30兆円の時価総額の株式を保有しており、公開情報では世界一の富豪です。マスク氏はほかのSNSよりもツイッターを頻繁に使うことで有名ですが、マスク氏とツイッター社を取り巻くめまぐるしい流れを整理していきましょう。

遡るとマスク氏は新型コロナウイルスに関連するツイートについて、ツイッター社の偽情報や誤情報への対応に不満を表明していました。22年1月にはツイッター社がブロックチェーン技術を使って証明したデジタル資産であるNFTを利用するアイコンの機能導入について、「エンジニアのリソースの無駄遣いだ」と指摘し、同社の経営姿勢について疑問を呈していました。

マスク氏自身はブロックチェーンや暗号資産（仮想通貨）には期待を表明していますが、ブロックチェーンを活用した過度な「Web3」への熱狂には懐疑的な見方を示していました。これはツイッター社創業者のジャック・ドーシー氏に近い見解です。

マスク氏は22年3月25日に、「ツイッターは言論の自由の原則を守っていると思うか？」とツイッター上でアンケート投票を実施。回答者の70％が「いいえ」と答えたことで、ツイッター社が抱えている問題の一端を可視化させています。

22年4月5日、マスク氏は再び「ツイッターに編集ボタンは必要か?」とユーザーに問いかけるアンケート投票を実施します。「物言う株主」としてマスク氏がいよいよツイッター社の改革に取り組むのかという期待から、長らく横ばい状態にあった同社の株価は急騰。この時点で2013年の上場以来となる最大の上げ幅となりました。

マスク氏は22年4月9日には有名歌手のジャスティン・ビーバー氏などアカウントのフォロワー数トップ10を並べて、実際のツイートが年に数回しかないアカウントがあると指摘したうえで「ツイッターは死にかけているのか?」と表現しています。

このままマスク氏がツイッター社の取締役に就任するとの臆測が高まっていましたが、翌10日朝には取締役就任を辞退する報道が流れます。そして11日にはツイッター社の当時の最高経営責任者(CEO)であるパラグ・アグラワル氏がマスク氏の取締役就任を正式に否定。さらに12日にツイッターの元株主集団が集団訴訟を起こしました。マスク氏が同社株保有の開示を遅らせて低い株価で購入した一方で、ほかの株主が株価上昇時に売却する機会を逃したというのが理由です。

イーロン・マスク氏のツイッターアカウント＝ロイター／アフロ

そして14日、マスク氏はついにツイッター社を完全買収することを提案。ツイッター社の株価は再び跳ね上がりましたが、15日の取締役会で買収防衛策の一つである「ポイズンピル」の導入を決めました。

マスク氏は「ツイッター社の株価54・2ドルでの非公開化は株主が決めることであり、取締役会ではない」「ジャック・ドーシー氏を除く取締役はほとんど株を保有しておらず、株主との利害が一致していない」「取締役会でこの提案が拒否された際には代替案もある」などのコメントをしています。

つまりマスク氏はツイッターのヘビーユーザーであるがゆえに、その潜在的な成長性を信じており、経営改革には現行の取締役の構成では不十分であると主張しているのです。特に株主名簿上では創業者のジャック・ドーシー氏以外、金融機関が上位に並んでいます。ツイッター株を大量保有しているといわれるサウジアラビアのソブリンファンドによる直接的、間接的な保有規模が明らかになっておらず、株主サイドからの改革も不明瞭な状態です。

一般的なアクティビストファンドは、低迷した株価の株を買い集めて株主提案を行い、改善を促した後に売り抜けます。プライベート・エクイティ・ファンドならば、TOB（株式公開買い付け）を通じて非上場化したうえで、デジタル分野の専門家やコンサルタントなどの必要な人材を送り込んで経営を改革して再上場か別の企業に売却をします。

どちらも資産の売却など短期的な利益を目的にすると長期的な企業の成長を犠牲にする場合があります。しかし現状の株主との利害関係が一致する場合は、長期的な成長も同時に達成できます。

これは特に上場企業の経営陣が自ら改革できない場面に有効です。企業は社内政治によって経営が行き詰まっていたり、社外取締役が機能していなかったり、短期的な利益しか追えず長期的なビジョンを描けなかったりなど、いわゆるガバナンスがない状態に陥ることがあります。その際に外部からの経営陣に対する圧力や、人材を送り込んで経営改革に活用することは理にかなっています。

ツイッター社は取締役に有名テクノロジー企業の役員を務めたベテラン勢が集まっています。しかし、どちらかというと20年前のデジタルビジネスを支えた人が多く、最新のSNSの動向に対する知見やブロックチェーンなどの最前線の知識は持ち合わせていないように見えます。

SECの資料によると、経営陣のなかには年間の報酬額が3億円に近い人も含まれます。ただし多くは株主と利害を一致させるほどの株式は持っておらず、マスク氏としては不満を持っているのかもしれません。

マスク氏はプライベート・エクイティ・ファンドに近い役割を狙っていますが、利益が目的というよりは言論の自由など、理念的なところの方が大きく、買収のための議論をオープンなツイート上でも行うという珍しい事態になっています。

ここ数年、ツイッター社の業績が行き詰まっていることは周知の事実です。そのことに不満を抱く投資家も少なくないでしょう。21年3月に「just setting up my twttr（私のツイッターを設定している）5:50AM Mar 22,2006」というツイッター社を創業したジャック・ドーシー氏が最初に行ったツイートがＮＦＴとして、約3億円で販売されました。しかし1年後の22年4月に購入者が約60億円で転売しようとしたところ、最高で約１００万円の入札価格しかない事態になりました。現在のツイッター社も先行き不透明さが増しています。

インフルエンサーの獲得か社会性か

近年のツイッター社は広告依存型のビジネスモデルで収益を上げてはいたものの、設立17年後であっても利益の収穫期に入っておらず、赤字体質が続いてユーザー数の伸びもフェイスブックの10分の1程度で鈍化していました。インパクトのある新機能やサービスも出せていませんでした。

ＳＮＳのプラットフォームにはアクティブな人気インフルエンサーが不可欠です。しかし単にビジネス上の利益を優先してフォロワー数を増やそうとすると、偽情報や誤情報、誹謗《ひぼう》や中傷が増えがちになってしまいます。

その代表例が米国のトランプ前大統領でしょう。トランプ前大統領はほぼ毎日ツイッターを活用して、嘘や他人への中傷、米国議会への襲撃を扇動したことなどで、ツイッターのアカウントが永久凍結されていました。

フォロワー数という意味ではアカウント停止前の段階でアクティブユーザーの約2億人のうちの約半分を獲得していました。ツイッター社にとっていわば「優良顧客」でしたが、同社の社会性を犠牲にした部分も大きいのです。

同様の事例は、前述の通りスウェーデンの音楽配信大手スポティファイ・テクノロジーでも起きました。同社の「Spotify」が配信するポッドキャスト番組で、過激なコメントをする有名コメディアンがワクチンについて誤った情報を伝えていたとして、ベテランのロック歌手のニール・ヤング氏が22年1月に同社から自身の楽曲を引き揚げると発表した騒動です。

この構図は一時期流行になった音声SNSのクラブハウスを思い起こせば、分かりやすいかもしれません。新型コロナ禍で多くの新規ユーザーが音声SNSに流れ込みましたが、基本的には発言内容や正確性というよりは、時間のあるユーザーやビジネスにメリットが

マスク氏=ロイター／アフロ

あるユーザーがコンテンツを発信しやすい状況に陥ってしまい、誤情報や自己啓発系のオンラインサロン、既存のメールマガジンへの誘導広告であふれてしまいました。その結果、多くのユーザーは離れてしまうのです。

日本の中高年層におけるSNSの主流は今なおツイッターやフェイスブックのようですが、若い世代はティックトックやインスタグラムに多く流れ込んでいます。

1990年代半ば以降に生まれたZ世代をはじめとする新しい世代を取り込めないことは、SNSの将来にとって致命的です。本来であればマスク氏の友人でもある、ツイッターの共同創業者であるジャック・ドーシー氏が抜本的な変革に乗り出すべきでした。

しかし株価の低迷の中、アクティビストであるファンドからの提案もあり、21年11月にツイッター社のCEOを退任。兼任していたデジタル決済企業「スクエア」(現ブロック)のCEOに専念することに軸足を移しました。ツイッター上で1億2000万人超のフォロワーを持つマスク氏は、かねてより「ツイッターは言論の自由のためのプラットフォームになるべきだ」と主張してきました。

また今回の一件は資本があれば1人の個人の価値観がプラットフォーム企業に影響を与えられるということも示しました。

マスク氏は自身で精神的な特徴を自ら公表し、テクノロジーに対する深い知見や、洞察力を持つという評価がある一方、自身の美学に反するものに対しては徹底的に嫌うといった傾向もあります。例えば、誤情報においてはコロナワクチン接種に反対するカナダのトラック運転手の抗議を肯定するなどの行動を取っています。

マスク氏がCEOを務めるテスラやスペースXはともに中国とは密接な関係性を築いているため、今後のSNSの中立性という観点からも懸念が生じます。「言論の自由は民主主義の基盤だ」と語るマスク氏ですが、言論の自由の名の下で、公衆衛生にマイナスの影響をもたらす投稿やウクライナ情勢に影響を及ぼすフェイクニュースなどとどう向き合うかが課題でしょう。

この議論はツイッター社にとって最大の海外マーケットである日本も無縁ではありません。課題の根幹は米国でも日本でも同じであるため、問題が拡大する前に米国での状況をつぶさに観察して日本でも早めの対策を始める必要があります。

ツイッター、メタが大量解雇 テック企業の迷走に学ぶ

波乱《はらん》万丈の展開で世間を騒がせていた米ツイッター買収劇ですが、イーロン・マスク氏による買収が完了した直後からさらなる混迷の展開を見せていました。22年のテクノロジ

米ツイッターのロゴとイーロン・マスク氏＝ロイター／アフロ

ー業界を激震させた一連の騒動を引き続き振り返ってみましょう。
マスク氏は22年4月にツイッターの筆頭株主となり、取締役に就任する予定になったものの、わずか数日後には就任を辞退しました。さらに数日後、マスク氏が申し出た買収提案にツイッター社側も合意したのに、22年5月には買収手続きを一時保留にすると発表。買収撤回は不当だとするツイッター社が提訴するなどの双方による応酬を経て、22年10月27日にようやくマスク氏によるツイッター社の買収が完了しました。
その後も買収が成立した日のうちにマスク氏は最高経営責任者（ＣＥＯ）のパラグ・アグラワル氏をはじめ取締役全員を一斉に解任しました。

22年11月には上場廃止して全世界の従業員の約半数を解雇したうえに、リモート勤務の禁止や、ユーザーに提供する有料の公式アカウントのラベルの取り扱いなど、矢継ぎ早に大胆な改革に乗り出しました。

これらは世間の賛否両論を巻き起こしています。マスク氏本人も「多くのばかげたことを試し、うまくいかないものは取りやめる」とツイッターですでに宣言しているように、ツイッターをめぐる騒動は続きました。

しかし「世界の最も正確な情報源になる」という新しいミッションを掲げて「倒産もありえる」と危機感も共有したうえで、スタートアップ企業のように泊まり込みも辞さないスピード感で意思決定をしてみせました。単なる場当たり的な実験ではなく、ミッションの方向性を見失わないようにしつつ、新たな経営戦略の模索につなげようとしていたのでしょう。

ツイッター買収の経営力　マスク氏に日本企業が学ぶこと

マスク氏はドナルド・トランプ前米大統領に代表される問題のある書き込みを理由に停

イーロン・マスク氏のアカウントとツイッターのロゴ＝ロイター／アフロ

止されたアカウントを次々に復活させました。その一方で、マスク氏自身を批判するジャーナリストや米大手ケーブルテレビのCNN、米新聞大手のニューヨーク・タイムズ、ワシントン・ポストなどのメディアやライバルとなるSNS（交流サイト）のアカウントを突如として凍結する措置をとりました。

さらに注目を集めたのは、日本時間で22年12月19日のツイートでしょう。現在1億2000万人超のフォロワーを持つマスク氏は、ツイッターのアンケート投票機能を使って「自分は（ツイッターの）トップを降りるべきですか？　この投票の結果に従います」とツイート。ツイッターユーザーであれば誰でも

Elon Musk
@elonmusk
I will resign as CEO as soon
enough to take the job! Afte
ftware & servers teams.

マスク氏のツイッター投稿

参加できるアンケートで、自身の進退を懸けるという大企業のトップとしては前代未聞の行動に出ました。

結果は「Ｙｅｓ」が57・5％、「Ｎｏ」が42・5％となり、辞任賛成派が多数派を占めました。これを受けてマスク氏は翌々日に「ＣＥＯを引き受けるほど愚かな人材を見つけ次第すぐに辞任します！　その後はソフトウエアとサーバーのチームを運営するだけ」とツイートしました。

「不可解な行動」の裏に合理的判断

不可解な行動だとの批判も噴出していますが、マスク氏の一連の行動には多くの示唆もあります。確かに、彼のパフォーマンスは独断的で性急かつ気まぐれに見えます。しかしここまでひとつのプロダクトに熱狂しつつ、同じような行動に出られる人物は一体どれほどいるでしょうか？

それぞれの言動を冷静に検証していくと、「適した後任がいれば辞任する」はオーナーとして非常にまっとうな言い分です。インフラなど技術的な面は自分が引き受ける代わりに、自分以上に対外的なコミュニケーションができる人材がいればバトンタッチするというものです。

そこまで割り切った合理的な判断を下せるトップは日本企業に見当たらないのではないでしょうか。それだけ経営を担う人材が不足している証左でもあります。

さらに22年12月22、23日には自らがツイッターの音声コミュニティー機能である「スペース」を使って大勢のユーザーとディスカッションを繰り広げています。ユーザーとの距離感がここまで近く、また独断的なようでいてカジュアルに意見交換を試みる姿は、ある意味で経営者像の多様性を印象づけるものでもあります。

毀誉褒貶《ほうへん》はありますが、企業のビジョンを行動で示していくトップの姿に、刺激を受ける方が非常に多くいるはずです。誹謗《ひぼう》中傷や批判、炎上を恐れずに率直にコミュニケーシ

米ツイッターのオフィスに入る従業員（ニューヨーク）＝ロイター／アフロ

ョンを取ろうとする姿勢や、「こんな騒動のタイミングだからこそ当人の声が聞きたい」という一般ユーザーのニーズに素早いタイミングで呼応していく迅速な行動はなかなかまねできるものではありません。

資金調達の能力が高いCEOは数多くいます。しかしこうしたセンスを併せ持つ人材は極めてまれでしょう。上層部にいくほど業界外の人間とのコミュニケーションが減っていき、顔も見えにくくなる日本企業とは対照的といえるかもしれません。

マスク氏の情熱は見方を変えれば「買収するほどの熱狂」が背後にあります。翻って自社が手掛けているサービスやプロダクトを考えてみてください。買収してくれるほどに熱狂してくれるコアなファンはそのサービスについているでしょうか？

単に買収して人員やバランスシートをきれいにして転売するアクティビストやプライベート・エクイティ・ファンドは多くいますが、マスク氏は熱中するサービスを立て直すために資金を調達し、内部に潜り込んで自浄作用を発揮させる改革に取り組んでいます。そこまでのファンが生まれるサービスをどうしたら生み出せるか、振り返ってみるのもいいかもしれません。

米メタも初の大量レイオフへ

一方、フェイスブックの親会社であるメタプラットフォームズも経営の不安定ぶりが浮き彫りになっています。マスク氏の買収完了とほぼ同時期に、メタのマーク・ザッカーバーグCEOは従業員の約13％にあたる1万1000人のレイオフ（一時解雇）を発表しました。

2四半期連続の減収となった同社が初の大幅な人員削減に踏み切った背景には、メタバースへの巨額投資がふるわない現状が大きく影響しているとみられます。日本はまだメタバースへの熱狂の渦中にあるかもしれませんが、米国ではすでにWeb3やメタバース（仮想空間）への熱気は下火になりつつあるからです。

混迷を深めるツイッターと、苦戦を強いられるメタ。巨大プラットフォームを擁する2社がどのような生き残りの道を探っているのか、まだ明らかになっていません。両社に共通する弱点をひとつ挙げるのであれば、「自社固有のテクノロジーの弱さ」があるのではないでしょうか。

例えば米グーグルであれば検索エンジンのアルゴリズムという強力な武器があります。米アマゾン・ドット・コムはもともとテクノロジーに強い方ではなかったのですが、大手クラウドサービスのアマゾン・ウェブ・サービス（ＡＷＳ）は世界シェアトップに成長しています。

ところが、ツイッターとメタのプロダクトに目を向けると、自社にしかない固有のテクノロジーが豊富にあるわけではありません。フェイスブックは04年、ツイッターは06年、メタ傘下に入った米インスタグラムは２０１０年にそれぞれ誕生していますが、革新的なテ

米カリフォルニア州マウンテンビューのメタプラットフォームズ本社前（22年11月9日）
＝ロイター／アフロ

クノロジーというよりも、ユーザーインターフェースによる差別化が急成長を促してきました。テック企業が次なるステージへと進化していくためには、それを支えるための革新的なテクノロジーを開発するか、買収などによって自社に取り込む戦略が欠かせないのです。

また、メタの場合はフェイスブックからメタへと社名を変更したこともあり、後には引きにくい状況であるという事情もあります。ある意味、メンツが潰れることが嫌だから引き際の見極めができない。これは日本の大企業にも見られるケースでしょう。

どれだけ赤字であっても社長肝煎りのプ

ロジェクトだから打ち切れない、という事例を見聞きすることはいまだに珍しくありません。通常の企業であればガバナンスが働いて株主の圧力で社長交代につながることもありますが、種類株を活用しているメタは株を保有しても議決権にはつながらないため、CEOの交代は議会など株主以外の圧力が働いて辞任に追い込まれない限り起きにくいことになります。

これは業績が好調な場合や社長が長期的に正しい方向性にビジョンを持っている場合には有効ですが、逆の場合には自浄作用が弱まります。

早期撤退がうまいアマゾン

ちなみにメタとは対照的に、早期撤退が抜群にうまいのはアマゾンでしょう。自社ブランドの携帯電話「FirePhone」や星4つ以上の商品を並べたリアル店舗の展開など、さまざまな領域に手を広げながらも、うまくいきそうにない兆候があれば数ケ月単位でひっそりと撤退する。アマゾン経済圏ともいえる巨大エコシステムを構築してきた背景には、そうした無数の試行錯誤がありました。

それぞれの撤退サービスは無駄ではなく、その経験があるからこそ、次の仮説を立てる際の精度やサービスの品質が高まっているのです。市場環境やテクノロジーが発達したことで、同じコンセプトを再度別の形で試すことによりサービスが普及することもあります。

対してツイッターに関していえば、買収前の企業としての不調は組織の自浄作用がなくなってきていたことが原因の一つでしょう。創業者が離れてしまったために、米テック業界で優秀なエンジニアがツイッター社に入社した、という話を聞くことは少なくなっていました。

株主からのプレッシャーも、ウェブテクノロジーのように先行きが見通しづらい業界では効果を発揮しにくいのです。企業再生の手腕で知られる伝統的なプライベートエクイティファンドも、これまでの業界ノウハウなどが活用できる分野に注力しやすいため、ツイッターの経営に乗り出したところで黒字転換や増収増益によって企業価値の大幅上昇が期待できるような投資妙味を感じにくいのが現実です。

そういう意味では、自らもヘビーなツイッターユーザーであり、プロダクトの潜在能力を心の底から信じて先端技術にも精通し、そして将来の採算見通しに縛られずツイッターの買収に約6兆円以上もの資金を投資できるマスク氏が行動したということは非常にまれなケースです。ビジネスのケーススタディーとして今後に大きな示唆を与えてくれます。

危機にあるツイッターとメタの現状とその背景をひもといてみることは、業種を問わずあらゆるビジネスパーソンにとって多くの学びが得られるはずです。円安という一時的な外部要因による好決算に浮かれている場合ではありません。

ヤマダとアマゾン協業の必然
海外から見たデジタル戦略

ヤマダデンキの店舗などを展開するヤマダホールディングスとアマゾンジャパンはインターネットに接続して動画配信サービスなどを楽しめる「Fire TV」を搭載したスマートテレビを発売すると発表しました。これは単なる新しいスマートテレビの販売であると解釈してはいけません。

ヤマダとアマゾンが販売するスマートテレビは、テレビ放送や動画、音楽配信サービスがシームレスに楽しめて、人工知能（ＡＩ）アシスタントの「Alexa（アレクサ）」とも連携できます。ヤマダＨＤがテレビ事業で協業している船井電機が製造を担い、日本で発売するのは初めてです。２０２２年3月5日から全国のヤマダＨＤのグループ店舗などやアマゾンで独占販売する予定です。

かつては小売業のライバルとしてのアマゾンへの激しい対抗意識を隠さなかったヤマダＨＤが、アマゾンのパートナーになったことに驚く向きもあるでしょう。そもそもスマートテレビ自体は目新しいものではありません。10年には米グーグルが手掛ける「Google TV」がリリースされましたが大きなヒットにはならず、「Android TV」に引き継がれています。

同じスマートテレビでも、不発に終わった以前の製品とは違い、現在の潮流はコンテンツが経営戦略の軸になっています。すなわちハードウエアはあくまでもきっかけにすぎないという考え方に変わっているのです。

米ネットフリックスはアニメから大作ドラマまで、数多くの現地コンテンツの制作を手掛けています。米ウォルト・ディズニーもアジア太平洋地域の事業を統括するルーク・カン社長が、21年12月の日本経済新聞の取材で「ディズニー＋（プラス）では23年までに現地発のドラマやアニメの独自作品を約50作配信する」と語っています。アジア圏で成長していくためには、ローカル主導で制作方針などを決める要素の重要性を理解しているゆえの発言といえるでしょう。

アマゾンが吉本興業と組んで制作している「バチェラー・ジャパン」のシリーズ以外にも、2023年9月公開予定の「沈黙の艦隊」実写映画化や、「風雲！たけし城」の令和版など日本でオリジナルコンテンツを作るためのアマゾンスタジオを拡大しています。その作品を視聴者に届ける上でも、今回のヤマダとアマゾンの協業は大きな意味があります。

つまりアマゾンとしては、動画作品やアレクサのエコシステム、会員制サービス「アマゾンプライム」などを提供して年会費でもうかればいいのです。これは本来、既存のテレビ局や通信業界などが先手を打てた領域です。

日本企業はハードウエアを作ることや、メンテナンスなどのサービスは得意なのですが、デジタル技術を活用して作品を「届ける」ところはまだ苦手な面があります。そこをアマゾンが補完してきたのです。

しかもデジタル技術の活用は、経営戦略としても優れた面があります。利益率はデジタルの方が高くなる傾向があるからです。ハードウエアと比べてデジタルサービスを拡大する際の追加コストに当たる「限界費用」が少ないため、サービスの規模が大きくなるにつれて利益率が向上するからです。特に昨今では韓国などの作品が世界でヒットするなど、物理的な国境を越えて一気に規模を拡大できます。

利益率が高いと、従業員らへの投資も加速できます。米アマゾン・ドット・コムは22年に米国内の事務職や技術職を主な対象に、社員の基本給の上限を従来の年間約1800万円から倍以上の約4000万円に引き上げています。もちろん従業員はその分の成果を求められますが、優秀な人材を確保することによって正のスパイラルを起こすことができます。

同様の動きは、中国でも起きています。動画を視聴できる低価格の高機能スマートテレビがすでに中国で販売されています。店舗を抱える小売り企業が、こうした潮流の変化を把握しないまま「EC（電子商取引）は敵だ」などの思い込みにとらわれていては、せっかくのビジネスチャンスを見逃してしまうことになりかねません。

アマゾンに関していえば、一般消費者から見ればＥＣで利益をあげている企業に見えるかもしれません。しかし企業向けクラウドインフラサービスのアマゾン・ウェブ・サービス（ＡＷＳ）の方がより大きな利益を上げつつあります。小売業が「あそこは同業種だから組まない」と考えるのはナンセンスなのです。業界の壁は崩壊しつつあり、多面的に提携をしなければならない時代なのです。

日本から老舗ＩＴメディア撤退

こうした流れが日本に来ることは海外の事例を把握していれば予測できたはずです。一方で、日本に見切りをつける企業も出てきています。

老舗のＩＴ系メディア「TechCrunch（テッククランチ）」「エンガジェット」の日本語版サイトが22年3月31日で更新を終了し、5月1日をもって閉鎖されました。閉鎖後は、それぞれの米国版にリダイレクトされるとのことで、ニュースを聞いたＩＴ業界やスタートアップ界隈、メディア関係者から嘆きの声が多く上がっています。

とりわけ「TechCrunch Japan」は、故吉田博英編集長の尽力もあり、アメリカをはじめヨーロッパ、アジア地域のテクノロジー業界やスタートアップの最新動向を幅広くカバーしてきただけでなく、日本最大級のスタートアップ企業のイベント「TechCrunch Tokyo」なども開催し、国内においては大きな存在感を示していました。

運営元であるBoundless（バウンドレス）は閉鎖の理由について「米国本社のグローバル戦略に伴い」、今回の決定に至ったと発表しています。言い換えるならば「日本に拠点を出す価値がなくなった」とも受け取れます。そして残念ながら今後も外資系企業の日本離れは加速していくかもしれません。

22年前の01年、グーグルが米国外に初めての拠点として日本にオフィスを開設したことを振り返れば、隔世の感があります。00年代前半まで日本は携帯電話のテクノロジーにおいて最先端を走っていました。その後はiPhoneの鮮烈な登場によって後発組へと回ってしまいました。それでもアジア各国を俯瞰《ふかん》して見たときに、日本に拠点をつくることが最も合理的で価値が高いという考えが当時は主流だったはずです。

しかし、この20年間で状況は大きく変わりました。欧米企業がアジアで注力するのであれば英語が通じたり、子どもの国際教育環境が整っていたりするシンガポールや、マーケット規模が大きいインド、インドネシアの都市を選ぶことが増えています。

海外投資家が使う国際的な株価指数であるＭＳＣＩも日本株の配分を減らしています。シンガポールと比べてエビデンスに基づかない「鎖国」を続けた日本への注力を減らす外資系企業の数は、おそらく今後も増える可能性が高くなりました。

外資系企業が撤退していく背景には「現地化の失敗」も大きな要因です。現地のカルチャーや習慣にビジネスがなじめなかったり、溶け込めなかったりしたために、撤退せざるを得ない事情があります。

例えば、米ＥＣ大手のeBay（イーベイ）は99年に日本へ参入して、07年にヤフージャパンと提携しましたが、大きな成果をあげられませんでした。18年にはＥＣモール「Qoo10」を運営していた日本企業を買収して再参入しましたが、大きな成功には至っていません。世界最大手の小売業である米ウォルマートによる西友の株式売却も同様ですが、こうした事例は業界を問わず少なくありません。

だからこそ、アマゾンは日本の家電量販店のなかでも先頭集団であり、新しい取り組みに積極的で、21年9月に傘下の大塚家具を完全子会社化するなど多角的な経営をするヤマダＨＤと組んだのでしょう。テレビの仕様を現地カスタマイズさせつつ、自分たちはデジタル技術によって、ユーザーの利便性である「ユーザビリティー」の提供を重視するという今回の戦略的提携に至ったのではないでしょうか。

TechCrunchの撤退も、海外の動向を日本語にして紹介するメディアに対して、日本人自身が高い価値を見出しきれなかったことが要因の一つともいえるかもしれません。しかし今現在において、最先端のトレンドは日本国内ではほぼ生まれていません。こうした潮流の先を見たいのであれば、日本人はもっと能動的に海外のトレンドに目を向けるべきでしょう。

アップルが崩す業界の壁
開発者イベント「ＷＷＤＣ」の見方

米アップルが開発者向けイベント「ＷＷＤＣ ２０２２」を22年6月6日に開催しました。報道だけで発表内容を知ったつもりにならず、YouTubeなどで字幕翻訳付きの映像を見ることができるので、ぜひ確認してみましょう。もし自社が取引先に向けて同じようなプレゼンテーションをする場合にどうするかという観点で見ることも重要です。

会場となったアップル本社では、発表されたMacBook Airなどの最新ハードウエアにいち早く手で触れられるハイブリッドのイベントになりました。住宅設備や家電を通信でつなげる「スマートホーム」や「ゲーム」などのアップルが他のテクノロジー企業に比べて先行しているとはいえない分野を補強した一方で、携帯電話からタブレット、パソコンのMacまで製品をそろえた「連続性（Continuity）」の強みを生かしたサービスを発表しまし

米アップル開発者向けイベント「WWDC」の基調講演会場の様子=AP／アフロ

た。アップルのエコシステムをさらに強化しようという狙いをうかがい知ることができます。

金融と自動車に照準

なかでも免許証や個人を認証するための鍵を取り込む「ウォレット」といった興味深い発表がありました。22年にアップルが独自の存在感を打ち出した分野は「金融」と「自動車」の2つでしょう。アップルはそれぞれの業界の壁を崩そうとしているからです。

「金融」では後払いシステム「Apple Pay Later」を米国内から導入すると発表しました。その名の通り、アップルペイの支払いを

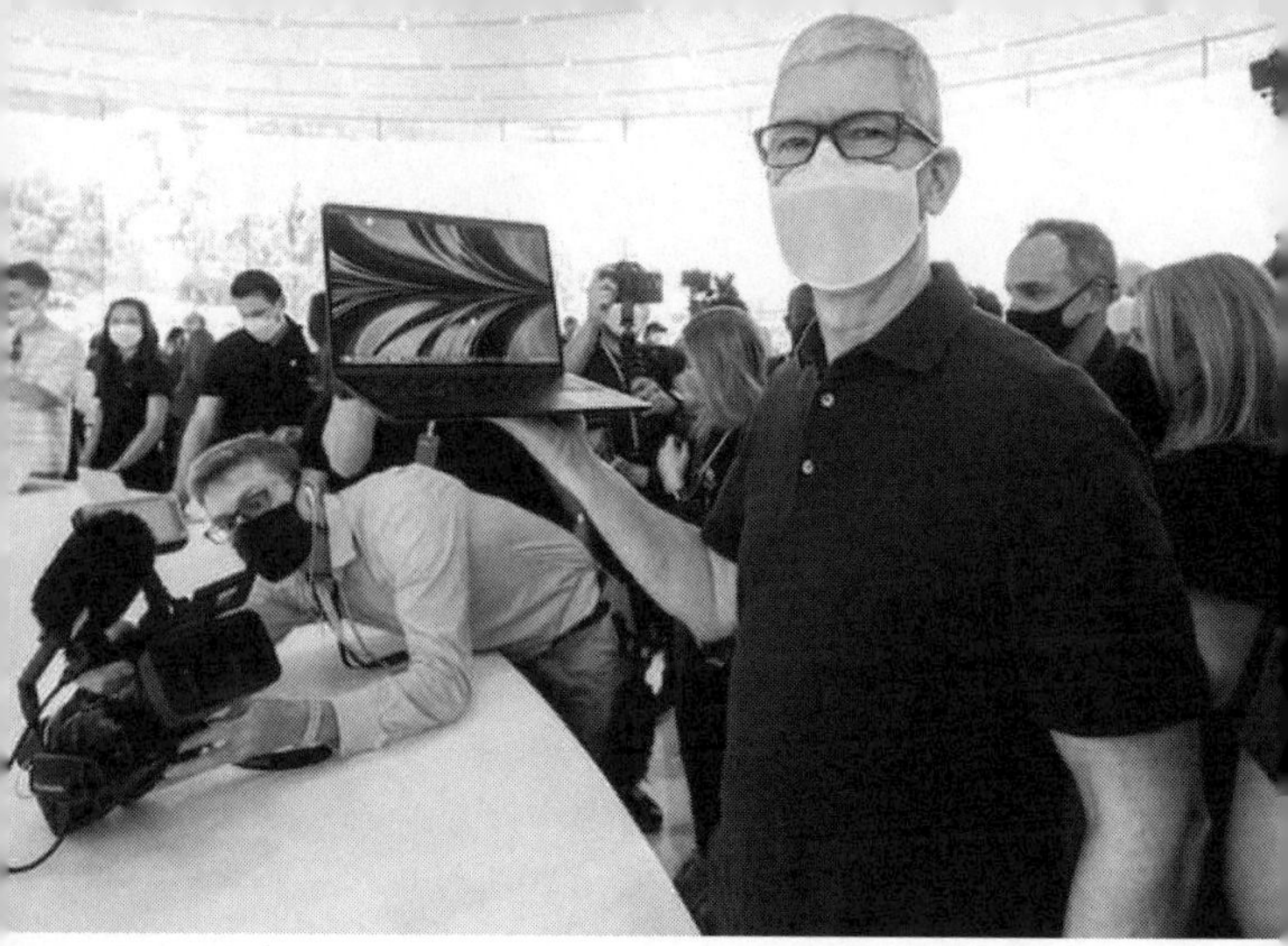
新型MacBook Airを手にするアップルのティム・クック最高経営責任者（CEO）
=AP ／アフロ

利息や手数料なしで分割払いにできるシステムです。若年層を中心にBNPL（バイ・ナウ・ペイ・レーター）と呼ばれる後払いサービスが普及しており、その機能を内製化して取り込んだのです。

クレジットカードに関してアップルはこれまで米金融大手のゴールドマン・サックスとパートナー関係にありました。しかし今回の新サービスに関しては、米国で貸金業の免許を取得した「Apple Financing」という関連会社を通じて、自社で担う方針を明らかにしています。ゴールドマン・サックスの助けなしでも自社で手掛けられるという自信の表れであり、今後銀行などファイナンス機能をさらに拡大していくことが予想されます。

もうひとつの「自動車」では、車載システムを担う「カープレー（CarPlay）」の次世代版の紹介において独自の変化をうかがい知ることができます。これまでのCarPlayは、単にiPhoneの情報を車内に表示するという位置づけでした。しかし今回発表されたのは「自動車会社と共同して車内体験を再発明する」という言葉どおり、iPhoneだけでなく走行速度やガソリンの残量などの車両情報まで統合して表示する形になりました。

これまで自動車の情報は普段見る計器など特定の部品メーカーにしか開放しておらず、スマートフォンと自動車の情報の間には大きな壁がありました。その壁が今回崩れようとしています。

米テスラなどの自動車会社は美しい画面で車両情報を表示する仕組みで先行しています。その一方で、従来の自動車会社はソフトウエア開発に強いわけではないため、今回アップルのユーザーインターフェースの美しさを借りるという格好になろうとしています。うがった見方をすれば、独自ソフトによるユーザーインターフェースの開発が追いついていないということもありえます。

例えば、今回の次世代CarPlayで提携する企業の候補リストには日産自動車やホンダが入っています。ホンダは車内エンターテインメントシステムの先駆者を目指すソニーグループとも25年に向けて電気自動車（ＥＶ）を開発中です。米ゼネラル・モーターズ（ＧＭ）系の自動運転技術開発会社である米ＧＭクルーズとも、日本国内での自動運転車の開発で提携しています。ＧＭクルーズはサンフランシスコで商用の営業免許を取得しました。複数の選択肢を考慮に入れながら、次世代の車内体験に向けて取り組んでいるといえるでしょう。

またアップル自身も、最初は自動車会社と共同で開発する形にはなっています。しかし、この形が続くとは限りません。米マイクロソフトがパソコンメーカーと組んでＯＳ（基本ソフト）のWindowsのシェアを拡大した後にSurface（サーフェス）という独自端末の供給も始めたように、アップル自身が車体をデザインするアップルカーが出てきても不思議ではないでしょう。

そのうえで22年に10周年を迎えるアップルマップは大きな意味を持ちます。自動車の運転やモビリティーにナビゲーションシステムは欠かせません。マップの精度は他社に負けるわけにはいかないからです。グーグルマップの登場に7年遅れたアップルマップですが、都市ごとに3Dモデルなどを表示する様々な機能を強化しつつあります。

iPhoneが鍵となって様々な用途が拡大しそうです。車内ではCarPlayで車両の状況表示から自宅ガレージの開け閉めもできるようになり、職場ではMac、日々の買い物はApple Payを使うのです。トレーニングジムではApple Watchで心拍数を見ながら最適なペースを把握して、自宅ではiPadで映像を見ながら家電を操作。快適な睡眠や薬の服用管理もApple Watchを使って実現できるという世界です。

アップルの考え抜かれた美しいユーザーインターフェースによって、それぞれのデータのもとが違っても、消費者との接点は取り囲まれつつあります。アップル自身はデバイスとして弱い分野にスマートホームがありますが、グーグルや米アマゾン・ドット・コムも加わるスマートホーム規格「Matter」を採用し、優れたインターフェースを作って消費者との接点で選ばれる工夫をしています。

美しいデザインと「連続性（Continuity）」によってエコシステムを強化し、さらに開発者を呼び込む。自社の哲学を貫きながら社外との幅広い分野での連携や連携解消を進める絶妙なバランスは、業界の壁が崩壊しつつある現在、全ての企業にとって参考になるのではないでしょうか。

アップルが預金口座 インフレで加速する金融ビジネス

米アップルは米ゴールドマン・サックスと組んで、アップルのクレジットカード顧客向けに利息の高い預金口座を提供すると発表しました。消費者が既存の銀行口座から資金を移動させる可能性もあり、日本の銀行やポイント業界にも影響を与えそうです。

米国で22年10月13日に発表された9月のコア消費者物価指数（ＣＰＩ、消費者物価指数から食料品、エネルギーなど価格変動の大きい品目を除いたもの）の上昇率は前年同月比6・6％と、実に約40年ぶりの高水準なインフレが問題になりました。物価が上がるという

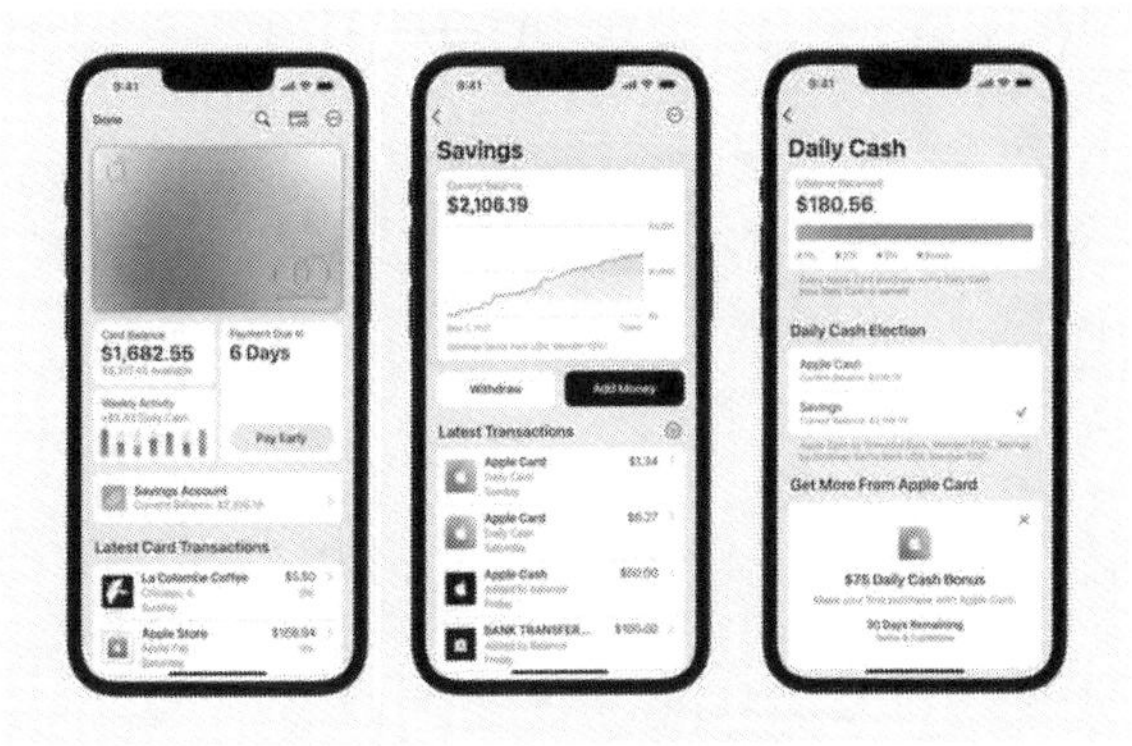

アップルが導入する預金口座の管理画面＝同社のウェブサイトから

ことは、消費者にとっては給料や預金金利が同様に上がるか、不動産などインフレとともに値上がりする資産を持たなければ、保有している資産が相対的に目減りすることになります。

22年10月17日現在の連邦準備理事会（ＦＲＢ）の政策金利の誘導目標は3〜3・25％ですが、このままインフレが収まらない場合には23年以降4％以上の誘導目標になることが市場に織り込まれています。単純に円換算で考えると、１００万円が１年で１０４万円以上になるのですから、金利がつかない場所や金利が低いところにお金をおいておくのはもったいないのではないでしょうか。

例えば、クレジットカードなどのポイントや、いわゆる電子マネーなどは利息が付かないものがほとんどです。早めに使うか、金利が付く資産に交換することが相対的な損失を防ぐ方法になります。

そのようなタイミングでアップルが米国で新たなサービスを発表しました。アップルカード（Apple Card）というクレジットカード決済サービスで、買い物の際に付与されるポイントと同じキャッシュバック（Daily Cash）を自動的に高利回りの預金口座に入金して利息を付けるというのです。さらに別の銀行口座に送金したり、引き出したりすることもできるようアップデートするというものです。しかもアップルは送金などの取引にかかる手数料を無料にすると発表しています。

もともとアップルカードは決済額に対して1～3％のキャッシュバックがあります。しかしキャッシュバックされた残高には利息が付かなかったのです。決済を通じてたまったキャッシュバックの残高に利息を付けて、金利の上昇局面でもクレジットカード特典の価値を損なうことがないようにできるのです。

利率は23年1月時点では発表されていませんが、アップルカードと預金口座を扱う米大手金融のゴールドマン・サックスの消費者向けオンライン銀行である「マーカス

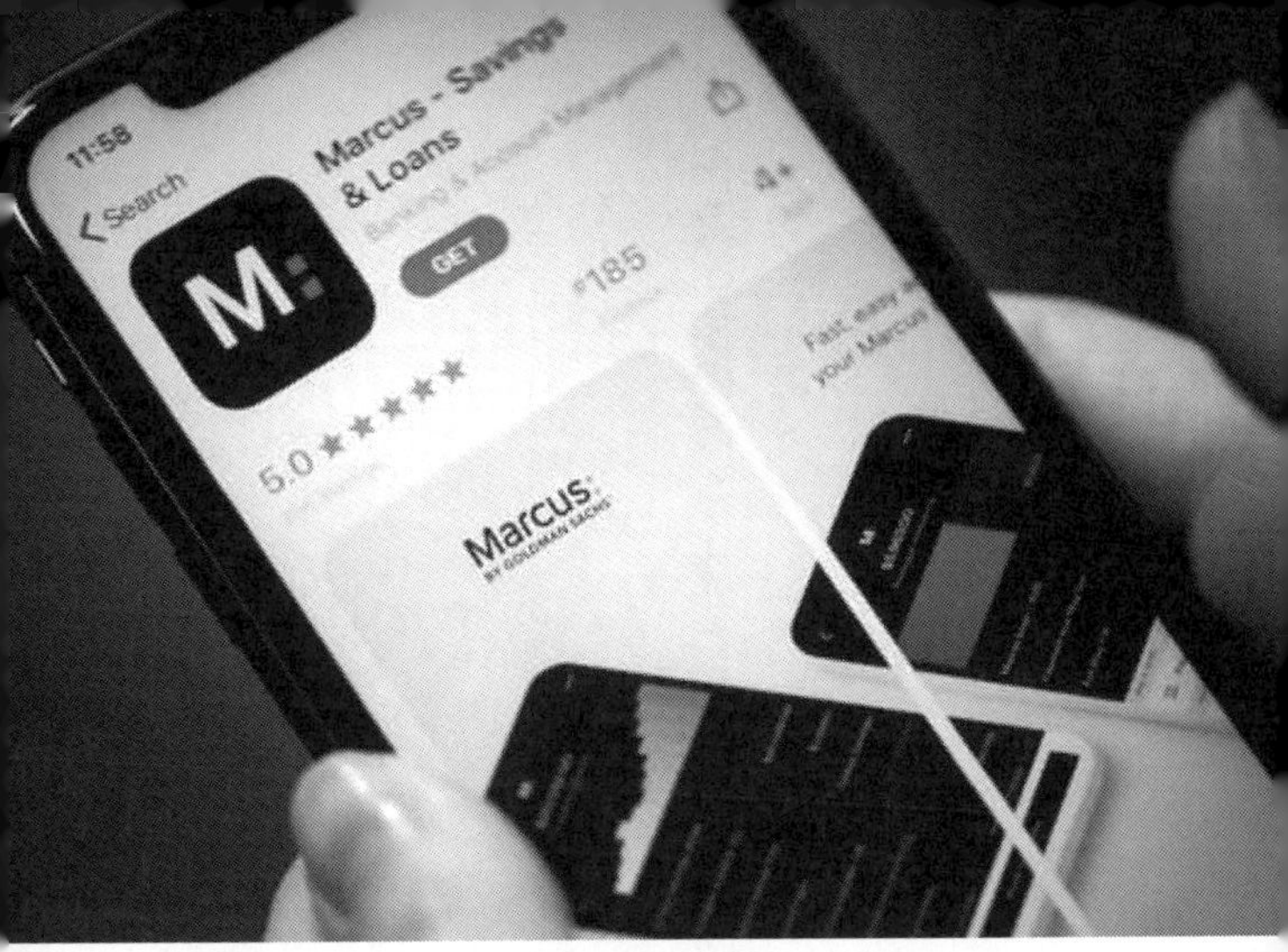

米ゴールドマン・サックスが手掛ける「マーカス」のアプリ＝ロイター／アフロ

（Marcus）」は預金口座に年率2・35％の金利を表示しているため、おそらくこの金利をベースに次回以降のＦＲＢの利上げもあれば反映させてキャンペーンなどを仕掛けてくると思われます。

米バンク・オブ・アメリカや、米ＪＰモルガン・チェースなどの米大手銀行の預金口座の金利は22年10月14日現在で0・01％にとどまります。iPhoneの操作一つで手軽にアップルのサービスに入金すれば、１００万円相当額に対して年間で数万円相当の利息が付くことになり、優位になります。

お金の節約に敏感な利用者層にとってはお金を移す十分な動機になるでしょう。これまで銀行で新規口座を作ろうと考えていた人も書類への記入など煩雑な手続きが必要なことが高いハードルでしたが、今回の新しい預金口座はおそらくアップルの協力もあり最小限の手間で済むことが予想されます。

ゴールドマンの手掛けるマーカスはリーマン・ショック後の16年にサービスを開始しました。しかし黒字化できておらず、アップルの提携によって約1億2000万人の米国iPhoneユーザーやその他の国にアプローチすることで、顧客拡大に弾みをつける狙いがあるのでしょう。

iPhoneの高いシェアと「ポイント大国」の日本も

まずはインフレが進んでいる国にサービスを提供するメリットがありますが、日本にもこのサービスがやってくることは十分に考えられます。なぜなら日本は以前からスマートフォンでiPhoneのシェアが世界でも最も高いグループだからです。

しかも最新のiPhone 14は最新機能が乏しく売れ行きが鈍い状況であり、代わりにPixel7などGoogleの手掛けるAndroid端末の攻勢も受けています。日本市場にてこ入れする必要があります。

アップルにとっては、この貯蓄サービス自体で必ずしも利益を上げる必要はありません。次のスマホをiPhoneにしてもらうことで利益を確保するメリットがあるのです。

また日本は「ポイント大国」と呼ばれるほど、世界でもポイントが普及している国です。現在は日本航空（JAL）や全日本空輸（ANA）など航空会社のマイルを頂点としたポイントエコシステムが成り立っていますが、そこに利息も付与するアップルの預金口座が登場することで競争環境が大きく変わる可能性があります。

では銀行はどうでしょうか。アップルが提供するクレジットカードと預金口座だけでは、銀行とはいえないという人もいるでしょう。しかし米国では既にiMessageというチャットサービスを使って知り合いなど個人間で送金できる機能を搭載しています。

この機能が拡大されれば、個人向けの銀行機能の一つである決済はほぼカバーされるのではないでしょうか。数千万人近いといわれるiPhoneユーザー、特にシェアの高い若い世代はiPhoneに搭載された金融サービスを選ぶことが予想されます。

米国の銀行はアプリで多くの銀行機能を完結させるようにデジタルトランスフォーメー

ションを進めています。しかし、そのアプリのプラットフォームであるスマホ自体が銀行の機能を持ち始めると競争はいっそう激化するでしょう。

日本でもいずれ同じ構図の競争が始まるでしょう。手数料だけではもはやビジネスはできず、未来に求められる銀行は技術の先行きを見越してベンチャーから大企業までを網羅した目利きによって新しいものを取り込み、進化する必要があるでしょう。

アマゾン経済圏が急拡大
株価低迷時に買収攻勢

読者のみなさんは音楽や映像の定額配信サービスや料理の宅配サービスなど、何らかのデジタルサービスを使っていたことがあるのではないでしょうか。なかでも筆頭は米アマゾン・ドット・コムでしょう。アマゾンはサービスの経済圏を大幅に強化し続けています。

米アマゾン・ドット・コムのフランスにあるロジスティクスセンター＝ロイター／アフロ

顧客にとってほかのデジタルサービスを使う候補があるなかで、特定のサービスを利用する理由は何でしょうか。サービスの質でしょうか、それとも品ぞろえ、あるいは価格の安さでしょうか。

もし既存の有料サービスが他社と提携していて、利用を検討しているサービス料が割引されるとすれば、それらを使う可能性が高まります。ネットサービスを提供する企業は顧客を引きつけるために提携や買収を通じて経済圏を拡大し、激しい市場争奪戦を繰り広げています。

なかでもアマゾンの動きは顕著です。米国のアマゾンは有料会員サービスの「アマゾンプライム」を月額15ドル（約2000円）、年額140ドル（約2万円）という価格設定で提供しています。プライム会員になると配達費用が無料になったり、商品が届く時間が早まったり、映像配信サービスが含まれていたりなど、様々なメリットを受けられます。

例えばアマゾンが2021年5月に「007」シリーズなどで知られる米映画制作会社メトロ・ゴールドウィン・メイヤー（MGM）を84億5000万ドルで買収すると公表したのは、映像配信サービスのコンテンツ強化を目的としたものです。アマゾンは22年3月に買収を完了したと発表しました。先ほど紹介したように、スポーツのライブ中継や独自映像作品の制作も加速しています。

映像配信サービスといえば、注目株は米ネットフリックスです。ネットフリックスは純粋なサブスクリプション（定額課金）サービスだけでは対抗が難しいと考えて広告収入モデルを模索していました。

米グーグルはオンライン広告を収益の柱にしていますが、ネットフリックスにとっては競合になりえる動画投稿サイトYouTubeがあるためグーグルとの提携は難しかったのでしょう。ネットフリックスは、強い映像配信サービスを持たずゲーム事業を抱える米マイクロソフトと組んで広告付きモデルに取り組むと22年7月14日に発表しています。

米ニューヨークで配達するグラブハブ=ロイター／アフロ

映像だけでなくアマゾンは22年7月6日に米料理宅配サービス3位のグラブハブ（Grubhub）の株式を2％取得すると発表しました。グラブハブは米国でドアダッシュやウーバーテクノロジーズに次ぐ料理宅配サービスであり、この提携によってアマゾンプライムの加入者であればプライムサービスの一部として1年間無料でフードデリバリーサービスを利用できる特典が受けられます。

もともとアマゾンは米ホールフーズ・マーケットという高級スーパーを買収した経緯もあって、フードサービス事業を強化しています。食べることは生きている限り基本的に必要なことです。

さらにヘルスケア市場への参入もすでに進めています。7月21日には医療サービスをサブスクリプション方式で提供する米ワン・メディカル社を約39億ドルというアマゾンとしては過去3番目の金額で買収しました。

アマゾンは20年8月に温度センサーや心拍計などを内蔵したリストバンド型のウエアラブル端末「アマゾン・ヘイロー・バンド」を発表し、付随するヘルスケアのサービスに実際の医療のネットワークも取り込むことで、経済圏の中で提供できるサービスの幅をさらに広げています。結局は消費者が定期的に使う何らかのサービスは全て新規に取り組む対象になるのです。

アマゾン経済圏が勢いを増す理由

これまで企業が独自の経済圏を形成して顧客を囲い込む経営戦略は、電力会社や携帯電話会社など多くの企業が試行してきました。これが、なぜいまアマゾンはうまくいきつつあるのでしょうか？

その理由の一つは、1人の顧客が企業やブランドと取引を始めてから長期にわたって企業にもたらす利益の総額である「ライフタイムバリュー（LTV、顧客生涯価値）」と、利益率の高さと考えられます。LTVは「1回当たりの平均購入単価」「利益率」「年間の平均購入回数」「平均継続年数」の4つに分解できます。これまでの携帯電話サービス企業や電力サービス企業はインフラ企業であり、監督官庁の権限も強いため利益率を高くすることができません。

しかしながらアマゾンはインフラ企業という位置づけではないため、比較的に自由に動くことができます。また、リアルの倉庫やホールフーズなどの店舗も所有しているため、他の企業に比べてデジタルとリアルの融合を進めやすいポジションにいます。提供できるサービスを拡大することによってLTVも向上し、さらに再投資することができるという好循環を巻き起こすことが狙えます。

アマゾンは創業初期のころに巨額の赤字経営をあえて継続して、株価が下がっても顧客の利便性を重視したサービスを徹底するという経営姿勢で知られます。この経営姿勢が昨今のように株価が軟調な時期に、次々と買収や提携を繰り返していく戦略につながっています。

米アップルも、iPhoneの次回の買い替え時にiPhoneを選んでもらうという形で、金融や映像、ヘルスケアなどのサービスを充実させて経済圏を拡大しています。アマゾンについて述べた経営戦略の特徴はアップルにも同様にいえることでしょう。

米国のテクノロジー企業が日本に提供するサービスは基本的に米国で試してみて、うまくいったサービスであることが多く、このような経済圏の拡大の動きはまず米国の動きを注意深く見なければ気づくのが遅くなってしまいます。

そのため日本企業の経営者は、まだ日本で提供されていない米国のサービスを意識的に把握しなければなりません。これは特にデジタルとは疎遠だと思い込んでいる業界関係者にとっては重要です。

日ごろからアマゾンで日用品を購入し、アマゾン・プライム・ビデオで話題のドラマを視聴し、病気になったらオンライン診療で薬を家まで届けてもらう。日常にまつわるあらゆるサービスが、すべてアマゾンの経済圏内で完結する日が現実になりつつあります。

こうした経済圏の急激な拡大に日本企業はどう対抗するのか。独自の経済圏をつくるのが難しければ、気づいたときにはどこかの陣営に入らざるを得なくなるという事態に備えなければなりません。

ティックトックやツイッターが狙うDX
ニュースや映像、ゲームも

メディア業界がデジタルトランスフォーメーション（DX）によって最近特に大きく変わりつつあります。その変化はあまり目に付かないものかもしれませんが、DXに取り組めない企業は業界で生き残る余地がなくなりつつあります。

今や日常のニュースや災害の速報はスマートフォンのアプリによる通知で知るのが当たり前になっています。テレビのバラエティーやドラマの番組、映画やスポーツの中継は米アマゾン・ドット・コムの「アマゾンプライム」や米ネットフリックスなどのストリーミングサービスで視聴するユーザーが増えています。

漫画や書籍、雑誌も読み放題のアプリによる定額制サービスが普及しています。著名人のニュースは米ツイッターや米インスタグラムなどのＳＮＳで本人による書き込みを直接読むのが日常です。

メディア企業が「我が社には伝統がある」という理由でデジタル技術から遠ざかってしまうと、新しい世代の消費者の大多数は見向きもしなくなり、コンテンツの作り手も優秀な人材ほど離れてしまうでしょう。消費者にとって快適で信頼できる「顧客体験」と呼ばれる利用環境とセットで提供できるかが重要になっています。

例えば、同じトピックの記事であっても名の知れた企業が発信する情報ではなく、普段からＳＮＳなどで発信している執筆者の方が親しまれているので読まれやすいのが現状です。同じコンテンツでも、どのプロデューサーや編集者が手掛けたのかが重要で、文字や音声、映像といった複数のメディアを提供して消費者のライフスタイルに合った顧客体験を選んでもらうことが競争の鍵を握っています。

ティックトックのアプリ画面と運営企業であるバイトダンスのロゴ＝ロイター／アフロ

ユーザーの時間の奪い合いが激化

こうした中でさらに大きな変化を起こすと見込まれているのが、中国発の動画アプリであるTikTok（ティックトック）と米ツイッターです。ニュースや動画、ゲームといった従来の垣根を越えたメディアになりつつあるからです。

米フェイスブックを運営する米メタや、ユーチューブを傘下に持つ米アルファベット、米国の若者に人気があったSNSの米スナップなどが発表した2022年7～9月の四半期決算はともに広告収益がさえませんでした。一方で、ティックトックは影響力を大きく伸ばしつつあります。

米調査会社のセンサータワーによると、ティックトックは21年第1四半期までの世界でのアプリダウンロード総数が35億回に上り、アプリ別のダウンロード数は22年6月末まで2年半にわたって世界1位になっています。運営会社である中国の北京字節跳動科技（バイトダンス）の想定時価総額は約3000億ドルともいわれており、日本のトップであるトヨタ自動車（約30兆円）を超えています。

米国のシンクタンクであるピュー・リサーチ・センター（Pew Research Center）の22年の調査によると、18歳から29歳の若者の26％がティックトックでニュースを見ているとしています。20年にはわずか9％であったことからすると大きな変化です。全年齢層では3％から10％に増えています。

ティックトックに流れる情報の正確性には改善の余地もありますが、これが意味していることは、業界の壁を越えた利用環境を武器に、ユーザーの時間の奪い合いが激化しているという事実です。

ティックトックのユーザーの多くは、いわば「暇潰し」のために動画を視聴しています。ユーザーの時間の奪い合いという意味では、メディアではありませんがゲームも暇潰しの競合になります。ネットフリックスがゲームも提供したり、アマゾンが「Twitch（ツイッチ）」というゲーム実況配信サービスの企業を買収したりしているのは、そのためです。

バイトダンスは21年11月にモバイルゲーム大手の米ジンガ（Zynga）との提携を発表したのを皮切りに、他にも数社のゲーム開発会社と提携してゲーム関連の取り組みを進めてきました。

記事の見出しも検索も不要にするティックトック

メディアに話を戻しましょう。ティックトックでは検索をせずとも画面に指先を触れてスライドさせるスワイプの操作によって人工知能（ＡＩ）で推薦された動画が流れてきます。その中にニュース性のあるコンテンツが含まれるのであれば、わざわざニュースアプリを開いて見る必要はなくなるでしょう。

つまりティックトックはスワイプ一つで推薦された短編動画が次々と流れてくるという優れた利用環境を武器に、既存のメディアやほかの余暇サービスとユーザーの時間を奪う競争に勝ちつつあります。記事の見出し一覧を見てから読みたい記事を選んでクリックしたり、キーワードを考えて検索したりする作業さえも省く世界をつくりつつあるのです。

しかもコンテンツも視聴者からの投稿が多いことから、ユーザーが増えるほどサービスの価値が高まる「ネットワーク効果」が働き、さらに顧客体験が向上するという正のフィードバックループが発生します。

アジア発のサービスが海外のテック業界で成功できるわけがないといわれていた時期を乗り越えて、音楽や動画の配信という非常にシンプルなビジネスモデルを軸に、ここまで成長したティックトック。その軌跡には、経済安全保障の観点では気を付ける点もありつつも日本企業として大いに見習うべき点があるはずです。

このような激動の変化の中で、多くの日本企業は生存競争の波にさらされつつあります。参考になるのは米老舗メディアグループであるハースト・コーポレーション（Hearst Corporation）でしょう。同社は新聞社から始まった創業135年の企業ですが、米スポーツ専門局ＥＳＰＮの株式20％のほか、傘下の企業を通じてケーブル放送局などを保有し、インターネットビジネスや不動産事業なども手掛けています。

ハーストは常に先を見越して多業種で経験のある経営陣が事業を大幅に転換させてきました。今では新聞や雑誌などの収入の割合は20％ほどに減った一方で、70％ほどの収益はもともと自社になかった事業によるものとされています。

いち早くコーポレートベンチャーキャピタル（ＣＶＣ）の重要性に気づき、しかもＣＶＣ代行業者による外部主導ではなく自前で手掛けたため、米ネットスケープ・コミュニケーションズなどに初期から投資してデジタル化の波を先取りできました。また女性起業家を支援する「ハーストラボ」も世界中に展開しています。

ハーストがアドバイスを受けた多くの異業種の専門家のなかでもビル・キャンベル氏は同社のビジネスモデルに影響を与えています。キャンベル氏は米グーグルの創業者など多くのテクノロジー企業の経営者にとって伝説のコーチとして知られ、「テクノロジー産業とコンテンツ産業がエコシステムの中で生き残って成長するためには、両者の規模が同等である必要がある」と助言したのです。

テクノロジーによる優れた利用環境の提供がコンテンツと同じほど重要であるならば、いまの日本のメディア企業にとってＤＸはかつてないほど重要になりつつあるでしょう。

グーグル開発者向けイベント披露した「攻め」「守り」

インターネットでラーメンの画像を見つけて「近くで食べられる場所はないか」と探してみる場面は多いでしょう。これまでは画像に出た店舗の名前や住所をそれぞれ調べて、地図で店舗への行き方も見るという、３つのアクションが必要でした。しかし人工知能（ＡＩ）であるディープラーニング技術の進化によって店舗の位置情報を瞬時に表示し、もはや3つのステップは不要になりそうです。

これは米グーグルが22年5月11日から12日に開催した開発者向けイベント「Google I/O」で発表した「マルチサーチ・ニア・ミー（Multisearch near me）」というマルチ検索とユーザーの位置情報を組み合わせた新機能です。

このほかにも店舗に並ぶ商品棚にカメラを向けると商品の特徴をまとめて表示する「シ

新たな検索サービスの機能を披露した開発者向けイベント「Google I/O」の模様
=ロイター／アフロ

ーン探索（Scene exploration）」など、文字検索が中心だった検索サービスを画像情報などの活用によって「再定義」する新技術が数多く発表されました。

　毎年年始に開催する世界最大級のテクノロジー見本市「コンシューマー・エレクトロニクス・ショー（CES）」は、独自の大型技術イベントを持たない大企業の新製品や製品開発ビジョンを発表する場です。これに対して毎年5月から7月にかけては、日本でGAFAと呼ばれるグーグルや米フェイスブック、米アップルなどのビッグテック企業が開発者向けの年次総会を開き、新製品や将来の技術開発ビジョンを発表します。

２０２０年と21年のGoogle I/Oは新型コロナウイルス禍のためオンライン配信のみでした。22年は米カリフォルニア州マウンテンビューにあるグーグル本社から2年ぶりにリアルでも開催してオンラインで配信したのです。

グーグルが強化した「攻め」の検索サービス

今回のグーグルの発表は大きく分けて２つの特徴がありました。得意な技術分野を強化するということを「攻め」と表現するならば、他社に比べて足りない機能を加えて新たなサービスを打ち出す「守り」の発表も多かったのです。

攻めが目立つ分野は、前述のような検索サービスの機能強化です。対話型ＡＩの最新言語モデルである「LaMDA ２（ラムダ２）」や、１つの機械学習モデルで質問への応答や文書生成、ジョークの解説といった様々なタスクを処理できる「Pathways Language Model（ＰａＬＭ、パーム）」など、ＡＩを活用した自然言語処理の性能向上を明らかにしました。

また、映像の解析技術によって視線や頭の動きなどを感知して「ＯＫ、グーグル」などと言わなくてもスマートスピーカーを起動させたり、長い文章を要約したり、ドローン（無人機）を飛ばして撮影したような鮮明な3次元映像を生成する「Immersive Stream」をGoogleマップに導入するなど、ほかのビッグテック企業が追いついていない技術開発の成果を次々発表しました。

一つ一つは地味な進化ともいえますが、少しでも利用者に利便性をもたらす技術開発の積み重ねが他社よりも抜き出たサービスを生み出すきっかけになります。米メタ（旧フェイスブック）が提唱するメタバースとは対照的に、リアルの世界の良さをテクノロジーでどう活用するかという意図も見え隠れします。

グーグルが「守り」に徹したアップル後追い

守りとしては、プライバシーへの配慮や機能強化が目立ちました。アップルは以前から本格的な広告ビジネスは手掛けていないがゆえに、プライバシー保護への配慮を前面に押し出して、暗に広告ビジネスにデータを活用するメタやグーグルをけん制していました。

今回の発表ではグーグルも「我々はデータを売ってはいない」と明確にプライバシー保

護への配慮を打ち出しました。また、情報漏洩など不適切な形で個人情報を入手したウェブサイトなどは検索結果から除外をする方針も打ち出しています。

グーグルはスマートフォンに免許証を取り込める新しい「Google Wallet（グーグルウォレット）」の機能なども発表しました。これは21年にアップルが発表した機能と同様です。

もうひとつの守りの技術は環境保護です。アップルは自社の製品をリサイクルした素材でつくることを分かりやすく表明しています。グーグルもGoogleマップを通じて最も燃費が良くて「脱炭素」につながるルート検索の表示を22年後半から欧州でも展開すると発表しています。

そして最大の守りは、ハードウエアの拡充とリアル店舗へのてこ入れです。自社製スマホの次世代機種である「Pixel 7」の発表はもちろん、新機種のタブレット端末開発や、ウエアラブル端末を手がける米フィットビット（Fitbit）を買収した成果である自社製スマートウォッチを発表しました。イヤホンでも全方位から音が聞こえるような「空間オーディオ」を実現する高機能イヤホンも発表しており、各機器の間でスムーズに切り替えて使うことができます。

グーグルが開発者会議で発表した「Pixel Watch（ピクセルウオッチ）」などの新製品=22年5月11日、米マウンテンビュー（ロイター＝共同）

ただ、これらはほとんどアップルの製品が既に実現しているものです。グーグルは後追いではあるものの、グーグルにとっては他社製品にない機能を加えたり製品間で連携できるようにしたりして消費者の購買意欲を高めることには意味があります。

また昨今の世界情勢から、半導体などを含めたハードウエアの調達先を特定の国のメーカーに依存するリスクが増大しています。こうしたリスクを避ける意味でも、これまでのようにソフトは自社で手掛けながらハードは他社に製造を任せるという経営姿勢を転換し、ハードも自社でつくっていくという方針には合理性が見込めます。

同時に自社運営の店舗も拡大することによって、アップルストアと似たような構想も見えてきています。こうした店舗戦略はメタも米マイクロソフトも同様です。

スマホの次を狙うデバイス開発も焦点

その上で22年のGoogle I/Oで目玉になったのは、基調講演の最後に発表されたスマートグラスでしょう。普通のメガネのような外観でありながらも、異なる言語や手話を自動的に翻訳しながらテキストとして表示してコミュニケーションができる機能を備えているとしています。発売時期は未定ですが、新しいデバイスへの注力がうかがえます。

「守り」であるハードの分野では、ビッグテック企業がスマホの次を狙うデバイスの市場の開拓を巡って互いに激しく争っています。メタもマーク・ザッカーバーグ最高経営責任者（CEO）がGoogle I/Oの同時期にネットで公開した動画で、外付けカメラを最大限活用したゴーグル型デバイスを開発する「Project Cambria」を一部披露しています。

グーグルは10年前に発表した拡張現実（AR）ウエアラブル端末「Google Glass（グーグルグラス）」は主要な活用方法が見当たらず、うまくはいきませんでした。今回は自社の攻

米ビッグテック企業の技術開発動向

	アップル	グーグル	メタ	アマゾン・ドット・コム
自社運営店舗	先行（約 500 店舗）	2店舗	1店舗	米ホールフーズ買収／Amazon Go 等
自社携帯端末/基本ソフト（OS）	先行（iPhone ／ iOS）	Pixel（台湾の宏達国際電子（HTC）から買収）／ Android（買収）	HTC First（打ち切り）	Fire Phone（打ち切り）
XR（仮想現実・拡張現実・複合現実などの総称）端末	？（不明）	翻訳グラス	Project Cambria、Rayban Stories	？
自社ヘルスケアバンド	先行（Apple Watch）	自社製 Pixel Watch（米フィットビットを買収）	―	Amazon Halo Band
自社タブレット	先行（iPad）	Pixel Tablet	―	Fire Tablet
スマートスピーカー／モニター	Homepod	先行（Google Nest）米ネスト・ラボ買収による	Portal（Alexa 内蔵、Amazon 提携）	Amazon Echo
動画	Apple TV	先行（YouTube）Google Video を閉鎖、米ユーチューブ買収	Facebook Watch、Instagram	Amazon Prime Video
音楽	先行（Apple Music）	YouTube Music	―	Amazon Music
イヤホン	先行（AirPods）	Pixel Buds	―	Echo Buds
ウォレット機能	先行（Apple Wallet）	Google Wallet	―	―
自動運転	？	米ウェイモ	―	米ズークスを買収、米オーロラ・イノベーションに出資

めの技術である自然言語処理をキラーアプリとして活用して、守りのハードを強化するという構想を発表しているわけです。

ただ、今回グーグルが発表したスマートグラスがそのまま製品化されるかは分かりません。グーグルは2年前にも自社製イヤホンの目玉として同時通訳の機能を前面に出していましたが、今のところ大きなヒットにはつながっていません。

今回の発表では、米サンフランシスコで公道走行を行っているドライバーなしの自動運転技術については触れられず、どちらかというとアップルやメタの技術開発の動向を意識した内容でした。

大まかに各社の動向を見てみると図表のようなものになるでしょう。企業買収や他社との提携といった合従連衡は今後さらに加速します。それぞれの項目は今後ほかの技術と連携してシナジー効果も発揮できます。例えば、地図データは自動運転にも活用可能です。

各項目は等しく重要なのではなく、次の10年で何が重要になりそうかという視点が必要です。またビッグテック企業の4社以外にも、動画投稿アプリ「TikTok（ティックトック）」を運営する北京字節跳動科技（バイトダンス）や、自動運転では米テスラなどの動向も見ておく必要があります。

一方で、メタバースやWeb3などのはやり言葉は今のところテクノロジー企業の一部でしか使われていません。その要因について、ビッグテック企業が大企業化しすぎて手掛けられていないと見るか、米議会や欧州による規制のせいで対応できていないと見るのか、はたまたそんな未来はやって来ないと踏んでいるのかは分かりません。代表的な企業の動きを見つつ、派手な発表の後には何が残り何が残らないのか、冷静に今後の動向を見極めなければなりません。

Part 4

メタバース&Web3、先端技術ブームの実態

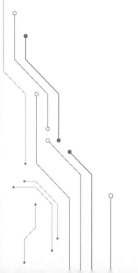

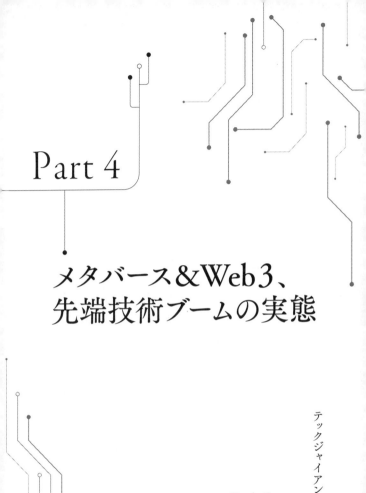

世界の企業が続々と参入
「メタバース」の読み解き方

２０２２年も多くのテクノロジー関連のはやり言葉がメディアをにぎわしていました。しかし、肝心なのはそれが「単にマーケティング活動によって広まっているものなのか、本当にビジネスや実務に使えるような技術の地殻変動が起きているのか？」と一歩引いて考えてみることです。なかでも22年に良くも悪くも世界をにぎわしていた言葉は「メタバース」でしょう。

メタバースとは、「メタ（meta=超越した）」と「ユニバース（universe=宇宙）」を組み合わせた造語です。インターネット上の仮想空間でさまざまな活動ができることを表す概念で、もともとは米ＳＦ作家のニール・スティーブンソン（Neal Stephenson）氏が１９９２年出版の小説で架空の仮想空間のサービスを指したことに由来します。

2007年ごろにまるで一時話題沸騰になって使われなくなった音声SNSのクラブハウスのように盛り上がり、消えていったセカンドライフ（創業者がアドバイザーとして最近復帰しています）や、仮想現実（VR）を楽しめるアプリ「VRチャット」、人気ゲーム「フォートナイト」など仮想空間のゲームで遊んだことがある方には想像しやすいかもしれません。2018年に公開された米映画の「レディ・プレイヤー1」もVRゲームがテーマでした。

しかし極端に言ってしまえば、今やほとんどのデジタルのゲームやコンテンツの体験はメタバースです。うがった見方をすれば、単なる「言葉遊び」として捉えることもできます。既存技術の進展を「ユビキタス」や「インターネット・オブ・シングス（IoT）」など、さまざまな言葉で表現してきたのと同じようなものです。

デジタル技術を利用した活動を「メタバース」と名付けて、本質的には変わらないものをあたかも全く新しい概念のように見せることが仕事になっている批評家やビジネスマンがいるのです（そうでない方ももちろんいますが）。そのため物事の本質よりも新しい言葉で「ゼロから分かる」といった構成で収益機会を求めざるを得ないメディアやマーケティング活動によって広がっていくものです。NTTデータグループ企業が2023年1月に独自に行った調査では、メタバースビジネスの検討に関わったビジネスパーソンの91・9％が事業化にたどり着けていないという結果が出たといいます。

ビジネスや実務の観点からは、ちょっとした思考実験になります。ただ、本質的な技術進歩の理解なしにこうした言葉を真に受けすぎると、効果的な経営施策の精度が下がってしまいます。多くの日本企業にとって、地に足がつかない思考実験をしている余裕はありません。実務上で重要なのは、「技術進歩によって既存の体験のうち、どれが近未来に直接的にも、間接的（ユーザーの時間や目的など）にも置き換えられるだろうか」という問いです。

例えば、かつて演劇や漫才は劇場でしか見られませんでした。しかし映像が普及して以来、コアなファン以外の大多数はドラマやお笑い番組に観客を取られてしまい、数々の劇場が廃業しました。気をつけるべき点は、質にこだわる劇場という供給者ほど「ライブ感が伝わらない」といった思い込みが強く、消費者の変化を読めなくなることです。

先行きをいち早く読むことができれば、伝統芸能に加えて映画に取り組んだ松竹のように次の波に乗ることができます。今では映像コンテンツも、テレビから動画投稿サイト

「YouTube（ユーチューブ）」や動画投稿アプリ「TikTok（ティックトック）」へと変化のサイクルが加速しています。他にどんな思考実験をすればいいのか紹介しましょう。

はやり言葉を「因数分解」

図表のグラフは公開されているグーグル検索での検索ワードのトレンドです。米国に比べて日本では一般的な技術関連の言葉と比較してメタバースの検索数が増えています。日本はもともと技術関連のマーケティングに弱い傾向があり、ほとんど日本でしか使われないGAFAといった言葉に翻弄されやすい傾向があります。米国ではこれらの企業を「ビッグテック（Big Tech）」などの名称で呼んでいます。

はやり言葉を聞いたときに、対策として有効な思考実験は「因数分解」です。果たしてそれはどんな概念によって構成されているか、分解してみるのです。そうすると特定分野（特に技術の目利きに弱い業界、不動産など）の名称を冠した「何々テック」といわれる言葉に、どれほど意味があるかをつかむことができます。

メタバースでいえば、「ハードウエアを含むインターフェース×コンテンツ（コミュニケ

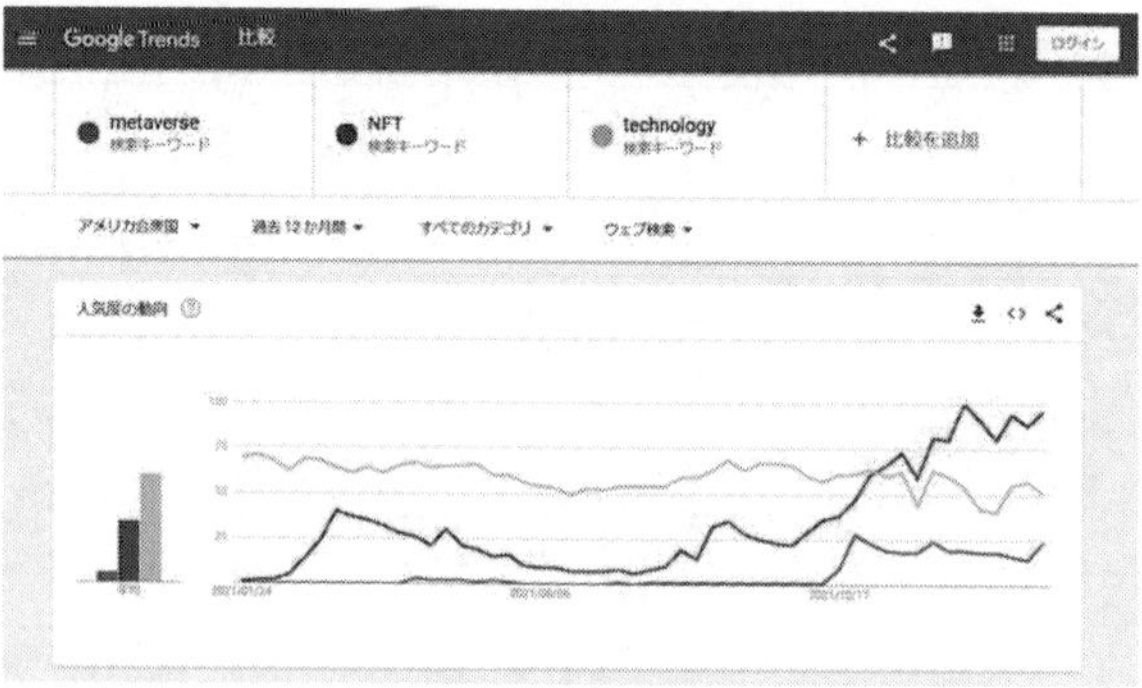

米国でのグーグル検索の「メタバース」(検索数は少ないまま)
(出所:Google トレンド)

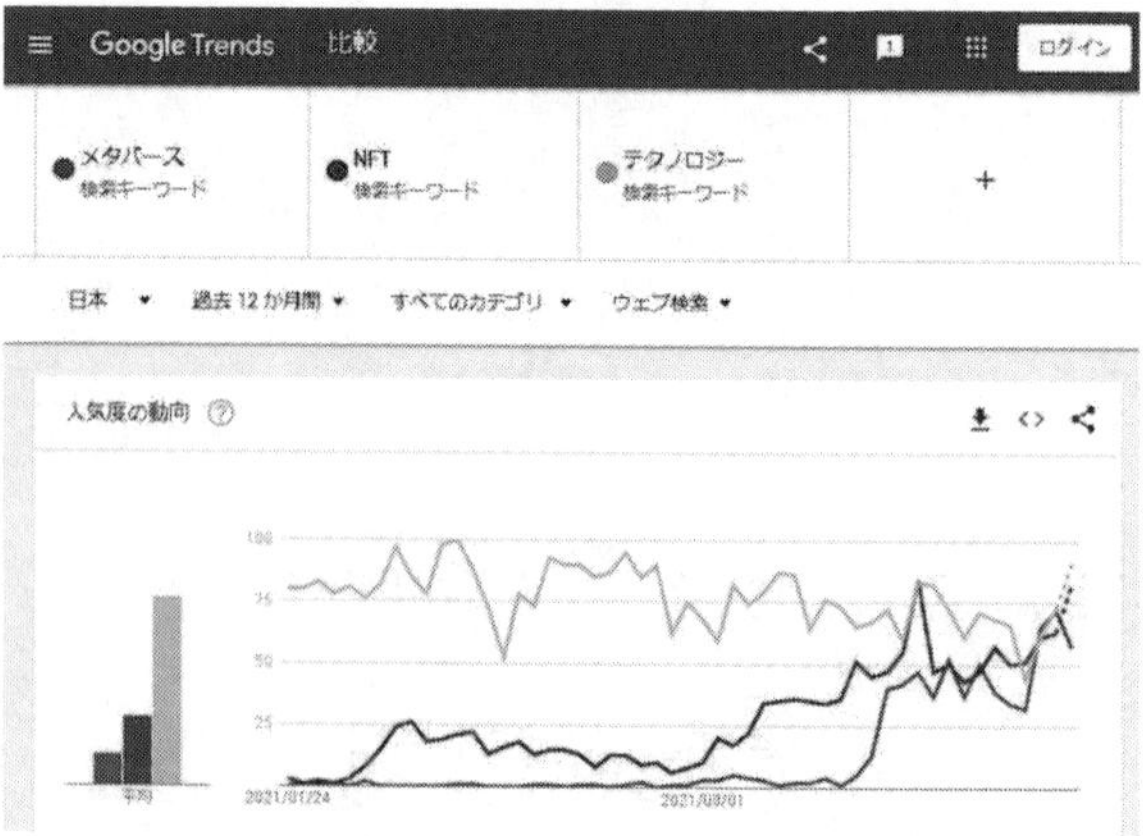

日本のグーグル検索での「メタバース」(検索数は一時急上昇へ)
(出所:Google トレンド)

ーションを含む)」という概念でしょう。高性能で、かつ使い心地が良く、価格もある程度抑えられたハードウエアが登場して、同時にわざわざスマートフォン以外で使ってみたいと思わせるコンテンツを提供できるかどうかにかかっていることが分かります。

かつてゲーム機でも同様の構造がありました。消費者はハードウエアの性能を見ているのではなく、どのようなゲームが手軽に楽しめるかを見ているため、任天堂の「スーパーファミコン」はほかにも性能が高い競合ゲーム機が多くあった中で、「スーパーマリオ」などの強力なコンテンツで爆発的に普及しました。

すなわち、ハードウエアを含むインターフェースやコンテンツのいずれか片方を見ていてもだめで、両方を見なければならないのです。ちなみに任天堂は世界に先駆けて「バーチャルボーイ」という3Dゲーム機を95年に発売しましたが、商業的には大きな成功には至りませんでした。しかし28年前にこうした挑戦をしている姿勢は称賛に値します。その挑戦する姿勢が世界でヒットした「あつまれ　どうぶつの森(あつ森)」につながっています。

こうした文脈では米マイクロソフトをはじめとするビッグテックの各社が新しい動きを見せています。マイクロソフトは「ホロレンズ」という拡張現実(AR)のハードウエアを開発しています。同時にＡＲコンテンツを強化しています。

マイクロソフトは22年1月18日に米ゲームソフト大手のアクティビジョン・ブリザードを６９０億ドル（約８兆円）で買収すると発表しました。マイクロソフトにとっては14年の「マインクラフト」などの人気コンテンツの買収に続くもので、16年にビジネスＳＮＳの米リンクトインを買収した約３兆円を大きく上回る過去最高額です。また、任天堂の時価総額の約７兆円も上回ります。

一方、21年末には米小売り大手のウォルマートが、メタバースやＮＦＴに関連する商標登録を申請しました。メタバースという巨大な仮想空間において、ＮＦＴという技術も含めた商品の製造や販売を検討していることがうかがえます。

同じく21年末には数多くの優良コンテンツを保有しながらテーマパークという「魔法の王国」も運営する米ウォルト・ディズニーも「現実世界の会場における仮想世界のシミュレーター」の特許を取得しました。実在するディズニーのテーマパークの来場者が、施設内でＡＲのデバイス機器を使って、現実空間とデジタル空間の両面からディズニーの世界観に没入できる体験が楽しめるようになると予想されます。大阪市の「ユニバーサル・スタジオ・ジャパン（ＵＳＪ）」に開業した新エリア「スーパー・ニンテンドー・ワールド」のＡＲアトラクションを体感された方には想像がしやすいでしょう。

ソニーグループ子会社のソニー・インタラクティブエンタテインメントも22年1月のテクノロジー見本市「ＣＥＳ ２０２２」で実物こそ展示していませんでしたが、据え置き型ゲーム機「プレイステーション（ＰＳ）５」向けのＶＲシステム「PlayStation VR2」を発表しました。

いち早く市場を押さえた者が勝つ

このように世界の大手企業が続々とメタバース戦略の始動を本格化させていますが、火がついたきっかけはやはりフェイスブックでしょう。フェイスブックは21年10月に社名を「Meta（メタ）」に変更。メタバース事業を注力すると宣言したことで、投資家と世間の関心が一気に高まりました。

ただし、マーク・ザッカーバーグ最高経営責任者（ＣＥＯ）の発言を額面通りに受け取るべきではないでしょう。なぜなら社名変更の背景には、個人情報の不正利用やティーンエージャーへの悪影響、反トラスト法（独占禁止法）違反の疑いなど、内部告発で次々と判明したフェイスブックのネガティブな側面が浮き彫りにされたために、同社についたネガティブな印象を払拭したいという思惑が透けて見えるからです。

一方で、ザッカーバーグCEOが進める「壮大なビジョンを真っ先に掲げ、そこへ向かって行く」という経営手法は、シリコンバレーの常とう手段でもあります。どこよりも早く旗印を立てることで、そこに優れた開発者が集まってくるというメリットがあるからです。

米国でビッグテックと呼ばれるグーグル、アップル、アマゾン・ドット・コム、フェイスブック（現メタ）、マイクロソフトの5社に目を向けると、創業者が現在もトップとして残っているのは旧フェイスブックの1社だけです。フェイスブックはザッカーバーグCEOが大学時代に起業した会社ですから、彼はいまだ38歳と他のトップと比べると圧倒的に年齢が若く、新しい取り組みを長期的に大胆に進められる時間があります。

ザッカーバーグCEOが目指すのは、ユーザーがVRヘッドセットなどを使ってバーチャル空間にアクセスして、そこでさまざまな体験ができるというゲームやエンターテインメント、コミュニケーションの領域だと考えられています。

コミュニケーションの分野であれば、メタが持つフェイスブックのユーザー同士のネットワークを生かせる可能性はありますが、ユーザーがわざわざフェイスブックと同期した機器を使うメリットがある仕組みにしなければ意味がありません。ゲームであれば没頭しすぎて悪影響を与えないか、中毒性にも気をつけなければなりません。

エンタメの世界は、若い世代にしか感じ取れない肌感覚がものをいいます。トップであるザッカーバーグＣＥＯが、若さゆえにその肌感覚を備えていることはメタの強みといえます。多くの人は現実から目を背けて仮想空間に飛び込みたいという欲求を持っているでしょう。その欲求をどのような形で実現するのかが注目です。

一方で、メタとは異なるメタバース戦略を進めていくだろうと予想されるのが、街中を歩いて遊ぶ人気ゲーム「ポケモンＧＯ」を開発したナイアンティックや、マイクロソフトです。

位置情報ゲームを手掛けるナイアンティックは、もともと創業者の息子がビデオゲームにばかり夢中で外に出ないいため、外に連れ出すために「歩いて冒険しよう（adventures on foot）」と打ち出したことが創業のきっかけでした。そのため没入感のある仮想空間とは、いわば逆の思想です。

同社はゲームの課金を少なくする工夫など、あくまで現実世界をベースにゲームの設計をしてARプラットフォームを構築しています。ARの分野に投資するファンド「ナイアンティックベンチャーズ（Niantic Ventures）」を設立するなど、メタの方向性はディストピア（暗黒世界）の悪夢であると警告もしています。

マイクロソフトはまた別のアプローチを進めていました。これまで同社にとってのドル箱はビジネスソフトウエアの「Office」であり、多くの人が仕事でWordやExcel、PowerPoint、Teamsを使う時代を作り上げてきました。そしてマイクロソフトを復活させた立役者のサティア・ナデラCEOはソフトウエアとハードウエアの重要性を十分に理解しています。

ナデラCEOはソフトウエアだけでなくハードウエアにも投資すると同時に、勝負の鍵を握るのは中身に当たるコンテンツであると考えて、コンテンツ関連企業の買収を繰り返してきました。もちろん自社の定額制ゲームサービス「Xbox Game Pass」のユーザー会員数の増加という狙いもあるでしょう。

しかし、それはあくまで未来への布石にすぎません。マイクロソフトはコンテンツを押さえることで顧客数を伸ばし、消費者向け（B to C）サービスだけでなく、ホロレンズといったARも含めた現実世界に情報を映し出す法人向け（B to B）のサービスを軸に、メタバース戦略を本格的に推進しています。特に、もしこの戦略がうまくいけば、パソコンやスマホの次のプラットフォームデバイスになるかもしれず、モバイルで乗り遅れた同社にとっては力が入ります。一方で、2022年の大量解雇の中で、ホロレンズのチームの解雇を行ったという報道もあることから、意思決定の速さとしたたかさが窺われます。

仮想空間も現実世界も広範囲に攻めていくのが、今回の大型買収におけるマイクロソフトの狙いでしょう。買収先のアクティビジョン・ブリザードはセクハラなど相次ぐ不祥事をめぐって社内外から批判を浴びていましたが、社内にこうした問題があることを把握した上での決断だったのでしょう。

その意味では、ゲームや映像などのエンタメ分野において、人気のコンテンツや才能あるクリエーターを「いち早く押さえた者が勝つ」という動きは今後ますます過熱していくものと考えられます。TikTokを運営するバイトダンスやYouTubeも優位な位置にいますが、

YouTubeは独自コンテンツの配信を縮小すると報道されています。

プロによる映像コンテンツでは米ネットフリックスもメタバースに関係してくる1社です。ネットフリックスはすでに映像コンテンツの枠を超えてゲーム事業にも進出していますし、いち早く韓国の映像スタジオに出資をし、言語の壁を越えてゴールデングローブ賞の助演男優賞を受賞する俳優を輩出するようなコンテンツを世に送り出しています。日本では、サイバーエージェントが映画会社を買収して映像コンテンツ制作への参入を発表しています。

日本の優良コンテンツといえば「スタジオジブリ」もありますが、すでに世界向けの配信ではネットフリックスと提携しています。ジブリがビッグテック系の大手企業と提携をさらに進める可能性もないとはいえません。むしろ、可能性としては大いにあるでしょう。アニメーターやクリエーターを取り巻く過酷な労働環境や賃金の安さを考えれば、「提携を進めることで労働環境を改善して、世界中の視聴者に届けられるのならば、そちらのほうが望ましい」と考える現場スタッフは少なくないはずです。

勝負を決するであろう強力なコンテンツは、ゲームなのか映像体験なのか、それともビデオ会議に近いものなのか、まだ分かりません。米アップルなどのビッグテック企業の参加も報道される中、一時的なはやり言葉に惑わされず、それぞれの参入企業が着実に売上高の成長を実現しているかに注目しなければならないでしょう。

日本に広がるWeb3ブーム Web2・0の教訓をいかせるか

米国の首都ワシントンから飛行機で約3時間の距離にあるカリブ海の島国バハマ。2022年4月下旬に米国のクリントン元大統領や英国のブレア元首相、法律事務所やクラウドサービス事業者の関係者らの姿がありました。彼らが集まった目的は暗号資産（仮想通貨）のカンファレンスに出席するためです。日本人の姿はほぼ見かけません。

人口約39万人の群島国家であるバハマは暗号資産の導入に積極的で、20年に世界で初めて中央銀行デジタル通貨（ＣＢＤＣ）の「サンドドル」を発行しました。米国もこうした動きに合わせようとしています。新しいテクノロジーには業界や国境を越えた理解を形成する機会が必須なのです。

特に暗号資産の技術的な根幹となるブロックチェーン技術は法規制と折り合いをつける必要のある点が多く、賛同する有力政治家によって実際の運用環境における法的な自由度が大きく左右されます。この点、米国は政府と民間の橋渡しをする人材が豊富です。

米国では投資業界で暗号資産への注目が高まりました。22年2月に米ベンチャーキャピタル（ＶＣ）のセコイア・キャピタルが、従来の株式ではなく流動性のあるトークンに投資をする約6億ドル規模の暗号資産特化型ファンドを立ち上げたりしています。

もともと暗号資産関連のベンチャーに投資額が多かったのは、米ＶＣ大手のアンドリーセン・ホロウィッツでした。それが故に、22年の暗号資産の暴落の影響は大きいでしょう。そのアンドリーセン・ホロウィッツから独立したキャスリン・ホーン氏は22年3月に15億ドル規模の暗号資産ファンド「ホーンベンチャーズ（Haun Ventures）」を立ち上げました。

ホーン氏は弁護士出身で、米司法省においてビットコイン関係の金融犯罪を担当してからベンチャーキャピタルに移籍してキャリアを積んでいます。政府と新しいテクノロジーの導入を橋渡しする役目も果たしており、いわゆる政府と民間の「回転扉」がうまく機能しているのです。バハマでのカンファレンスにも登壇しました。

また、バイデン大統領の大統領選での献金者に大手暗号資産取引所の設立者も上位に含まれています。メタ（旧フェイスブック）の主導したディィエム（旧リブラ）は頓挫しましたが、22年3月に発表された大統領令を見る限り、政権と民間のデジタル通貨についての議論では安全保障の観点も取り込みながら官民が主張をぶつけています。

定義が不明確な用語が注目される日本

テクノロジービジネス業界のはやり言葉は2種類あります。1つは「ブロックチェーン」や「非代替性トークン（NFT）」「仮想現実（VR）」、人工知能（AI）の「ディープラーニング」など、個別の技術進歩を示すものです。もう1つは「Web3（ウェブスリー）」や「メタバース」など、技術そのものよりもコンセプトが前面にあり、用語の定義が広くて漠然としたものです。ぜひ前者と後者の定義を比べてみてください。

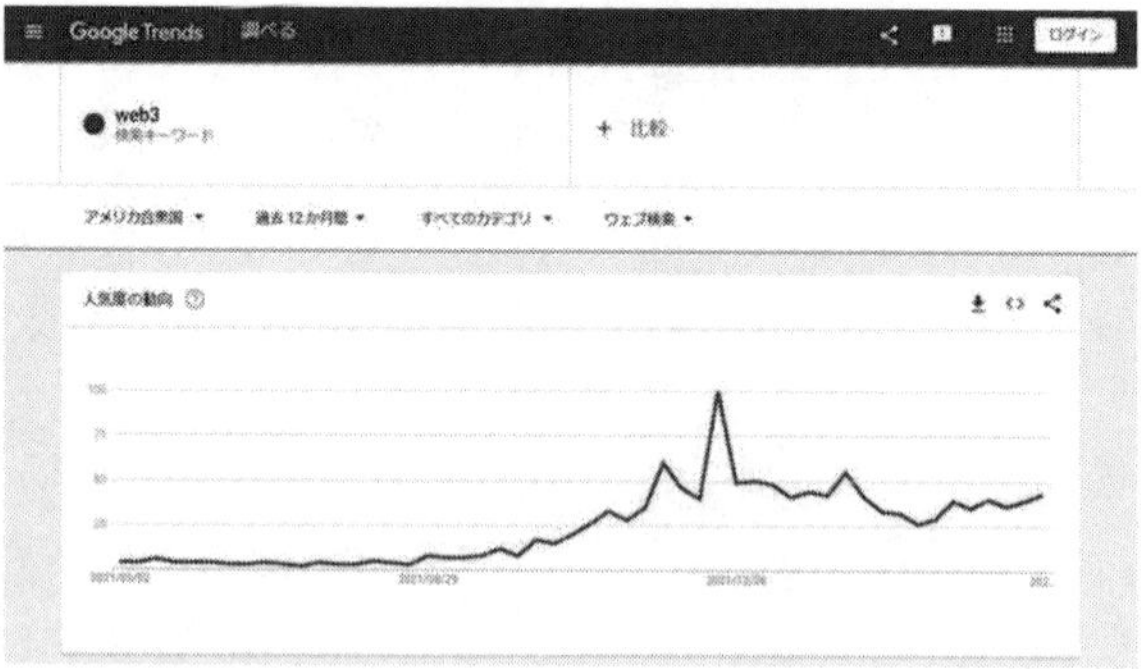

米国での「Web3」の検索数（出所:Google トレンド）

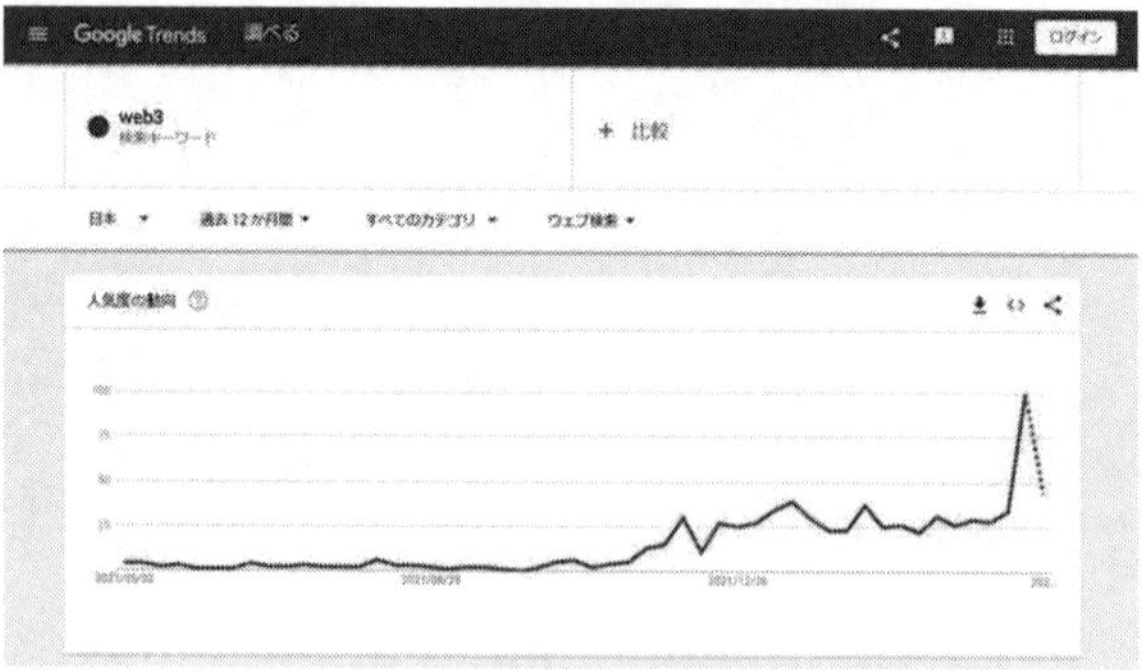

日本での「Web3」の検索数（出所:Google トレンド）

前者に比べて後者の用語や業界団体の名前を聞く機会が多くなった場合には注意が必要です。厳密な理解なしに議論が進んでいる可能性が高いからです。特に企業がマーケティングや自社をアピールする目的の一環で使われる場面が多く、技術的な仕組みを理解しなくとも企業のＰＲやコンサルティング会社、メディア、投資家、政治家によって拡散されていきます。ある意味で使い勝手が良い言葉だからこそ、よく考える必要があります。

特に日本でのＷｅｂ３への世間の期待度がここに来て急上昇しています。「Googleトレンド」でＷｅｂ３のキーワードを使った検索動向をチェックすると、米国でピークを打ったあとに、数カ月遅れて日本で検索数が増えている状況がうかがえます。

日本では一部の政治家がＷｅｂ３を積極的に推進していますが、米国の動向を把握しなければガラパゴスの道を歩む可能性が高いでしょう。日本でもＷｅｂ３を題材にした投資ファンドが設立されつつあります。しかし実際のところ、ファンド関係者に初期の暗号資産への十分な投資経験や理解があるかどうか必ずチェックをしなければなりません。実態のないＥＳＧ（環境・社会・企業統治）投資ファンドと同様の問題が起こりえます。

Ｗｅｂ３のムーブメントが来ていることは良いことですが、一方でかつてＷｅｂ２・０と呼ばれたブームがそうであったように、いまの段階におけるＷｅｂ３は実体のない宣伝文句やバズワード（流行語）であり、危うさをはらんでいます。

Ｗｅｂ３そのものは利益に直結しにくい

そもそもＷｅｂ３とは一般に「ブロックチェーン技術を活用して、脱中央集権化を図るインターネットの新しい概念」とされています。情報の送り手と受け手が固定化されて一方向の流れしかなかったＷｅｂ１に対して、誰もが情報を発信し相互にアクションを行えるようになった現在のＷｅｂ２・０を経て、脱中央集権的な特性を持つブロックチェーン（分散型台帳技術）を活用することで新たな変革を目指しているのが、Ｗｅｂ３の世界です。

ですからＷｅｂ３はそれ自体が直接的なもうけをもたらしてくれるわけではありません。Ｗｅｂ３の根幹にはブロックチェーンがありますが、「Ｗｅｂ３＝ブロックチェーンの活用＝利益」ではないのです。

たまに「上場したトークンの時価総額が何億円」「何億円規模のトークンが、このブロックチェーンサービスを利用」という金額の大きさを誇張した宣伝文句も見かけますが、上場といっても証券取引所と暗号資産取引所では売買（流動性）の規模が異なり、乱高下の度合いや投資層も違うため、時価総額では単純比較できません。直接的な利益をもたらしたわけでもありません。この関係性を混同したまま、Ｗｅｂ３への過度な期待が盛り上がっているのが今の日本ではないでしょうか。

Ｗｅｂ２・０とＷｅｂ３は、それぞれの提唱者からして異なります。２０００年代にＷｅｂ２・０を提唱したのは米オライリーメディアの創立者であるティム・オライリー氏です。Ｗｅｂ２・０が注目された際にもてはやされたのは、ブログでした。Ｗｅｂ１・０がインターネットの技術にＨＴＭＬが使われたことが一つの要素だとすれば、Ｗｅｂ２・０は双方向のやり取りができる動的なウェブを作ることができたのが違いです。

当時は一般消費者の書くブログがどこまでビジネスになるか半信半疑のまま、多くの企業がブログサービスを出しましたし、それだけで上場する企業も現れました。しかし、すべてのＷｅｂ２・０のサービスがビジネスモデルとしてうまくいくわけではありません。一部の著名人のブログ以外は大手ＳＮＳ（交流サイト）によって代替され、一時期のブログへの熱狂は影を潜めました。

ちなみに、Ｗｅｂ２・０では音楽配信の米ナップスターなどを例に挙げて分散化を一つの特徴として挙げていました。ナップスターは個人利用者がネットでつながった他の個人のパソコン上の蓄積データを自由に検索し、ネット全体を巨大なデータベースに見立て色々な場所に分散する情報を多対多でやりとりするＷｅｂ２・０の特徴を先取りしていたとされました。しかし違法コンテンツの温床と判断されて規制によって倒産しました。

恐らくＷｅｂ３の話題を耳にするまで、Ｗｅｂ２・０という名前を最近まで忘れていた人も多いでしょう。２００５年10月ごろに発表され、06年10月には検索動向ではピークを迎え、数年後にはほとんど語られなくなっています。

そしてコンセプトだけは認知されても、結局は海外のテクノロジー企業の優位性は増していきました。昨今でも海外の先端ベンチャーと日本企業がジョイントベンチャーをつくっても、日本企業の経営体制が硬直的で技術を自社に取り込めず、単に海外企業に日本の売り上げや出資した資金を渡す結果になってしまうことになります。Ｗｅｂ３もまさに同じ道を歩みかけています。理想を唱えるのは簡単ですが、重要なのはどこまで現実的に達成できるか、実際にどうなるかなのです。

一方、Ｗｅｂ３を提唱したのは主要な暗号資産の１つである「イーサリアム」共同開発者だったギャビン・ウッド氏です。ウッド氏が提唱したのは14年ですが、当時は一般には広りませんでした。しかし暗号資産に多額の投資をしていた前出のアンドリーセン・ホロウィッツが21年に引用し、マーケティング目的で宣伝文句としてＷｅｂ３を広めました。２０２１年には米国政府への宣伝を強め、22年の暴落後で損失を拡大させたあとには西村経産大臣など日本政府への宣伝を強めています。つまりはポジショントークとして使ったのです。

極端な話をすると、例えば量子コンピューター関連の企業が投資家向けに「Ｗｅｂ４・０」というバズワードをつくって「量子コンピューターの計算特性をクラウドで使えるＷｅｂ」などと提唱する場面を想像してみてください。実際にＷｅｂ４・０やＷｅｂ５・０を検索してみると、我先にと様々なバズワードにしようとする動きが見つかります。

また、Ｗｅｂ３とブロックチェーン以外の分野の名前で組み合わせて検索してみても、定義が異なるＷｅｂ３はたくさん見つかるのですが、ほとんどの人は見向きもしません。一般的には「用語＋２・０～４・０」と名付ける動きには注意が必要でしょう。何らかの発言をしても社会的な地位への悪影響が少ない人や企業、投資対象などと利害関係のある人の発言は慎重に見極める必要があります。

推進しているつもりが、誤った方向に

新しいものに対して常にアンテナを立てて試してみることは重要ですが、そうした視点を欠落させたまま確たるビジョンもなしに「有名な投資家がブロックチェーンを取り入れているなら自分たちも」とばかりに大きな波に乗り込んでも、後にツケを払うことになるのは日本の企業や政府、そして税金を払っている国民かもしれません。

例えば、世界に先駆けて暗号資産そのものを法制度化したのは日本でした。米国は依然として、大統領令で法的な枠組みを運用しています。しかし日本は消費者保護としては意味がありましたが、成文法の特徴によって文字に落とし込めない部分はすべて違法として解釈してしまうがゆえに、急速な技術進歩が続くブロックチェーン分野では自由度のある法制度の運用ができなくなります。法整備が柔軟ではないために、逆に自らの首を絞めてしまう状態にもなりえるのです。

そこは米国のコモンロー（慣習法）の方が適している部分が多いでしょう。また、暗号資産取引所のコインチェックが日本の証券取引所には上場できないために、特別買収目的会

社「SPAC」を活用して米国で上場を計画しているという報道も出ました。日本全体の規制改革と技術進化の歩調が合わせられなかった弊害ともいえます。

例えば、金融庁は22年3月に法定通貨に連動するデジタルマネー「ステーブルコイン」の規制を導入する資金決済法などの改正案を国会に提出しています。

しかし問題点もあります。これまで規制が不明確でステーブルコインが流通していなかった日本で決済や送金に使えるようになる一方で、既存の厳しい銀行規制に準じたルールを事業者に課して認可するため、代表的な海外のステーブルコインは逆に使えなくなる恐れがあります。これだけグローバルに経済が動いている時代にかえって鎖国状態という逆効果を生んでしまうかもしれないのです。

経済成長という名目だけでWeb3を推進してみても、大きな成果にはつながりません。最先端の技術に関する議論はほぼ英語で実務が分かる人の間でやりとりされています。日本語のみや英語はできるけれども暗号資産のビジネスには詳しくない日本の有識者と呼ばれる評論家らが机上の空論で議論するだけでは、誤った方向に進んでしまう可能性が高くなります。推進しているつもりが、実際に日本の利益に最終的にならなければ単に属人的な「やった感」で終わりかねないのです。

ブームに乗るだけか、つるはしを売ってもうけるか

Ｗｅｂ２・０を経験していない若い世代にとっては、現在のＷｅｂ３の熱狂が新鮮に映ることもあるでしょう。ただ、その中でもどの領域が長期的に生き残りそうなのかは常に問い続けなければなりません。

かつて１８４９年の米国でゴールドラッシュが起きたとき、多額の利益を得たのは金を掘っていた人々ではありませんでした。本当にもうけたのは一獲千金を狙って集まった人々をターゲットとして採掘用の「つるはし」やデニムなどの物資やサービスを提供した人たちです。

採掘用のつるはしなどの道具を売りさばいたサミュエル・ブラナン氏は多くの富を築きました。ゴールドラッシュに移動する人のために鉄道を建設したリーランド・スタンフォード氏はスタンフォード大学を設立しています。

破れにくいデニムパンツを作業着として売ったリーバイ・ストラウス氏は、現代まで続

くブランド「リーバイ・ストラウス（通称リーバイス）」の創始者になりました。これは例えば、ＮＦＴでいえばＮＦＴの売買をしている人よりもマーケットプレイスを運営している会社が着実にもうかる状態に似ています。実際に世界的なＮＦＴマーケットの現状は、ＮＦＴ売買サイトを運営する米オープンシー（OpenSea）のほぼ独り勝ち状態です。

インターネットが登場した場面でも、インフラを直接提供する業界よりも、その上で検索や動画などのサービスを提供して広告を出す方がビジネスとしては利益率が高いのです。

Ｗｅｂ３の核となるブロックチェーンは確かに非中央集権的な性質を持っています。管理者が存在しないフラットな組織でプロジェクトを進める「分散型自律組織（ＤＡＯ）」によるウクライナ支援のような成功例もあります。しかし機能を活かしきれずに実質上のボランティア組織状態になっているＤＡＯも見かけます。

Ｗｅｂ３という漠然とした大きなビジョンに踊らされるのではなく、Ｗｅｂ３を構築しているものは何かを分解し、グローバルの視点で捉え直す。熱狂がピークを超えつつある今だからこそ、そうした視点に立って冷静に新しいテクノロジーの進歩を経営や投資、国家戦略に取り入れる必要があります。

テクノロジー見本市「ＣＥＳ」世界の経営陣が見たもの

先端テクノロジーの見本市「ＣＥＳ」が2年ぶりに米ラスベガスの現地で開催されました。おさらいですが、ＣＥＳはもともと家電の見本市でした。しかし今は新しいテクノロジーという切り口で、世界の家電メーカーや大企業、ベンチャーなどが企業規模を問わず集まるイベントです。

もはやテクノロジーと無縁の業界などない時代ですので、自動車やヘルスケア関連などのすべての業界が関わりつつあります。ＣＥＳは開催時期が例年1月であることから、いわば世界中の企業がテクノロジーに対して「年頭所感」を披露する場所といえるでしょう。

ただ、気をつけなければいけない点もあります。あえてＣＥＳに参加しない企業も多いということです。例えば、毎年6月ごろに独自の新製品発表会を開催している米アップルや米グーグルなどは、ＣＥＳでわざわざ目玉の新製品を発表する必要はありません。

こうした企業は基本的に他の企業との交渉にやってくるため、出展せずとも大きなインパクトはありません。また、何千社という出展企業が集まるＣＥＳでは相当なマーケティング予算を投じて工夫しなければ注目されるのが難しく、せっかく新たな製品やサービスを発表しても埋もれてしまう危険性もあるためです。

一方で主催者側はテクノロジー業界への新たな洞察を提供するというよりも、なるべく「はやり言葉」などを活用して注目されるイベントを開催して収益を上げることにインセンティブがあります。ある企業が大きな費用をかけて出展すれば、それが「今年のトレンド」や表彰といった形で広く情報発信される可能性があるのです。

つまり、新たな製品・サービスが知られて有名になることと、将来収益の成長性は直結しないのです。華やかなイベントやメディア映りを狙った展示の裏では数年後になくなっている新サービスが紛れていることに留意して、冷静に情報を解釈しなければなりません。

これまでも大規模な基調講演や展示会を行った企業がわずか数年後にサービスを停止した例があります。むやみに投資をした日本企業が大きな損失を被った事例もありました。

ハリボテのような展示や主催者側の主張をうのみにするのではなく、実際のプロダクトが動いている状態を確認する必要があります。それが展示場に足を運ぶ意味です。

さて2022年のCESはオミクロン型の新型コロナウイルス感染症による影響もあり、感覚的には出展スペースは3割減、来場者数は7割減という印象を受けました。出展スペースが3割減にとどまるとみられるのは、出展社数が半減しても小さなブースへの出展取りやめによる影響は小さいためです。特に海外からの来場が難しいがゆえに国際的な出展が減りました。これは逆に日本にとっては相対的にプレゼンスを高めるチャンスでもあります。

各出展の詳細は別の記事に任せるとして、国別やテーマ別、出展企業の規模別の3つに分けてCESの動向を見てみましょう。

目立つ韓国勢とEV、自動運転技術

国別では、開催国の米国を除くと、韓国企業の攻勢が目に付きます。近年は韓国LG電子が得意の液晶を活用して会場の入り口を陣取った大掛かりな展示が恒例だったのですが、

22年はオンラインでの講演のみに絞っていました。代わりにサムスン電子が非代替性トークン（ＮＦＴ）を使ったアートを売買できるテレビや、１９９０年代後半以降に生まれた「Z世代」向けの小型プロジェクターなどを全方位で仕掛けていました。現代自動車も自動車会社の枠を超えようと基調講演でもブースでも存在感を示していました。

ＣＥＳで目立った代表的な日本企業はソニーグループでした。吉田憲一郎会長兼社長が来場し、東京大学や宇宙航空研究開発機構（ＪＡＸＡ）と提携して宇宙からの視点を提供する「STAR SPHERE」や、実機のデモこそなかったものの据え置き型ゲーム機「プレイステーション（ＰＳ）５」向けの次世代ＶＲ（仮想現実）機器の「PlayStation VR2」を発表。新型の電気自動車（ＥＶ）である「VISION-S 02」も発表し、商用化やモビリティー新会社の設立など積極的な情報発信を行いました。

テーマ別に見ると、過去2年間に及ぶ新型コロナの影響や脱炭素への流れもあり、ＥＶ化やモビリティーに関わる展示が増えました。米ゼネラル・モーターズ（ＧＭ）は花形車種のピックアップトラック「シルバラード」のＥＶ版を発表し、価格も約４００万円台からと競合に負けない値段で出してきました。ＥＶの購入補助金を支給する最近の各国法案の動きを含めると、世界中でＥＶの戦国時代がさらに広がる気配が見て取れます。

　同時期には独メルセデスやトヨタ自動車など多くの伝統企業がＥＶを発表していますが、この流れは伝統的な自動車会社だけのものではありません。国別でもＧＭベトナムが前身だったベトナムの自動車メーカー「ビンファスト（VinFast）」がＥＶを大々的に展示し、攻勢をかけています。また、韓国ＬＧ電子も自前の液晶を活用してトヨタの「e-Palette（イーパレット）」に似た形の自動運転車を発表しています。アップルもアップルカーを検討していると報道されており、引き続き注視が必要な分野です。

　消費者向けだけではなく、法人向けＥＶも開発が進んでいます。ＧＭは米ウォルマートと提携して自動運転車での配達をアピールしていますし、欧米フィアット・クライスラー・オートモービルズ（ＦＣＡ）と仏グループＰＳＡが統合した欧州ステランティスも配送向けＥＶで米アマゾン・ドット・コムと提携を発表しました。

　トラックの自動運転技術を手掛ける中国系の「図森未来（TuSimple）」も大々的に貨物のネットワークを効率化させる施策を強化しています。また、農業機械大手「ジョンディア」は農業機械の自動運転を披露しています。

現代自動車グループは21年にソフトバンクグループから買収した米ロボット企業ボストン・ダイナミクスの技術を最大限活用して、産業用ロボットやモビリティーに力を入れる姿勢を「メタモビリティー」と名付けて発信しています。今のところ遠隔操作との違いが明確ではなくマーケティングが目的の可能性もありますが、自動車会社という殻を破ってすべてのものを動かす「Mobility of Things（MoT）」という将来へのビジョンについてビデオなどを活用して伝えようという積極的な姿勢はうかがえます。

自動運転には欠かせない半導体のメーカーも囲い込みに攻勢をかけています。「Snapdragon」や5G通信のチップで知られる米クアルコムは、ボルボ・カー（スウェーデン）やホンダ、仏ルノーとの提携を発表しました。米インテルは買収したイスラエル企業である車載半導体大手「モービルアイ」の技術を活用して、独フォルクスワーゲンや米フォード、中国自動車大手の吉利汽車傘下の高級EVブランド「ZEEKR」とそれぞれ提携を強めています。

また、これは直接的にはCESとは関係はないのですが、米テスラのイーロン・マスク最高経営責任者（CEO）が仕掛ける「スペースX」の子会社だったトンネル掘削企業「ボーリング・カンパニー」による「ベガスループ」という地下トンネル網を現地で体験できました。

もともとボーリング・カンパニーは自動運転の技術が進んでも渋滞が解決しないというマスクCEOらの不満を基に、自動運転ポッドに車を載せるトンネル網の構想を打ち出したという経緯があります。現段階では運転手付きのテスラで、CESの会場内を無料で移動できるようになっていました。安全性の指摘など改善点もあって中止されたプロジェクトもありますが、2年以内に変化を起こせるというスピード感はラスベガス市の規制の柔軟性もありダイナミズムを感じられます。

ヘルスケア関連領域では日本のスタートアップも

CESでもう一つ増えてきた出展内容はヘルスケア、ウェルネス関連です。米製薬企業アボット・ラボラトリーズの基調講演では、映画俳優やTV司会者らが新型コロナをきっかけに健康維持と無縁な人はいないと個人的なエピソードも交えて語るストーリーで、ヘルスケアでのテクノロジーの活用を聴衆に訴えていました。特に近年ではデータの活用に

ボーリング・カンパニーが開発した「ベガスループ」(筆者撮影)

よって病気の兆候を察知することもできるため、脳や心臓の疾患などが注目の的です。

日本のオムロンは出展こそありませんでしたが、脳や心血管疾患の発症予防をデータで取り組む施策を発表しています。データを解析するアルゴリズムの優位性が競争の鍵となります。その人材の多くは今はテクノロジー企業に在籍しています。また、自宅にいる時間が増えたことから、センサーを高度化した空気清浄機など、ベッドやフィットネス機器の企業が出展に力を入れています。

企業の規模別で見ると、CESにおいてベンチャーを育てるという取り組みは主に「Eurekaパーク」というスタートアップ企業限定の出展ゾーンで披露しています。ただし大企業の展示よりもさらに割り引いて、100社のうち何社かが育つ可能性があるかもしれないという視点で見る必要があります。こちらは引き続き韓国が大規模に取り組んでいます。その他にもマクロン仏大統領がベンチャー支援を強化するフランスや、オランダ、英国、トルコ、台湾などが大規模なブースを設置して、米国市場にアピールしています。

日本も「Jスタートアップ」という取り組みで、日本のスタートアップの展示を支援しています。年々規模が拡大し、米国市場へのアプローチに力を入れています。22年のCES

主催者が選択するイノベーションアワード受賞企業も日本のベンチャーが増えています。

折りたたみの電動モビリティーである「WHILL」のモデルFや、採血なしに血糖値を測れる「クォンタムオペレーション」（東京・中央）や「ライトタッチテクノロジー」（大阪市）、小型軽量のVR端末「MeganeX（メガーヌエックス）」などを開発している「Shiftall（シフトール）」（東京・中央）が受賞しています。福岡市も独自のスマートシティ構想を海外にアピールしていました。

日本では当然ながら、日本企業を中心に大きく報道される傾向があります。しかし重要なのは、商業的な要素を割り引いても日本ではまだ無名の競合企業が成長の芽を伸ばしているといった世界の動きをいち早く伝える必要があるということです。

こうした動きをいち早く察知する手っ取り早い方法は、各国企業の経営陣がすでに実践しているように、現地に足を運び、その場で製品デモを見て、相手の経営陣と交渉することでしょう。これは企業の経営陣が部下に任せられる仕事ではありません。もし家電中心の展示から大きく状況が変わった18年以降にCESへ一度も足を運んだことがないのであれば、23年以降の新型コロナが落ち着いたときに訪れて見る価値はあるでしょう。

アップルやアマゾン、テスラに見る最新技術の打ち出し方

米国の新年度である9月に米アップルや米アマゾン・ドット・コム、米テスラは立て続けに最新デバイスとサービスを発表しました。感謝祭セールの22年11月にかけてテクノロジー企業各社の動きが活発化しており、3社ともに消費者のニーズをくんだ新たな製品やサービスの展開、幅広い業界からの開発者の獲得によって、さらなる経済圏の拡大を目指す意図が明確に浮かび上がっています。

ユーザー視点で新ブランドを発信したアップル

テクノロジー企業のうち最も想定範囲内の進化を明らかにしたのはアップルでしょう。まず腕時計型端末のアップルウォッチには、スキューバダイビングなど過酷な状況にも使

えるApple Watch Ultra（アップルウォッチウルトラ）シリーズを追加しました。

ダイビングに使うダイバーコンピューターは15万円ほどする製品もあります。それに比べれば多機能なアップルウォッチウルトラの価格である12万４８００円は安く感じるのではないでしょうか。アップルはこれまでも50万円ほどだったプロ向けカメラに近いクオリティーを誇るiPhone Proの新製品を14万９８００円以上でも安いと思わせる価格で投入してきました。アップルウォッチでも、この手法を応用したわけです。

新たに発売したiPhone 14シリーズは、これまでのモデルとどこがどう変わったのでしょうか。物理的なスペックを見ると目立った変更点は多くはありません。注目が集まったのは、iPhone 14シリーズ全機種で人工衛星を介してＳＯＳのメッセージを送ることができるという新たな付加価値を打ち出したことでした。

これは別の衛星会社との提携によって実現したものです。中国の通信機器大手である華為技術（ファーウェイ）も同様の機能を持つ新機種を同じ時期に出しています。地上から１０００キロメートル以上離れた上空の衛星と、個人のスマートフォンがダイレクトに通信できるようになる試みは画期的です。

iPhone 14シリーズを発売した米ニューヨークのアップル店舗でポーズをとるティム・クック最高経営責任者（CEO）=ロイター／アフロ

これによって電波がつながらないエリアでも、緊急時のSOSを発信することが新たに可能になりました。とはいえインターネット通信を提供する衛星通信システム「Starlink（スターリンク）」とはできることは大きく違うものです。

アップルはiPhone 14シリーズのサービスについて「できたら使ってほしくない機能」というスタンスを明確に打ち出しています。誰かがこうした緊急事態に陥ることは望ましくないし、できることならこのサービスは利用されてほしくない。けれども、もしそうした緊急事態に遭遇した場合は役立つかもしれない。そんな風に新たなiPhoneの価値を逆説

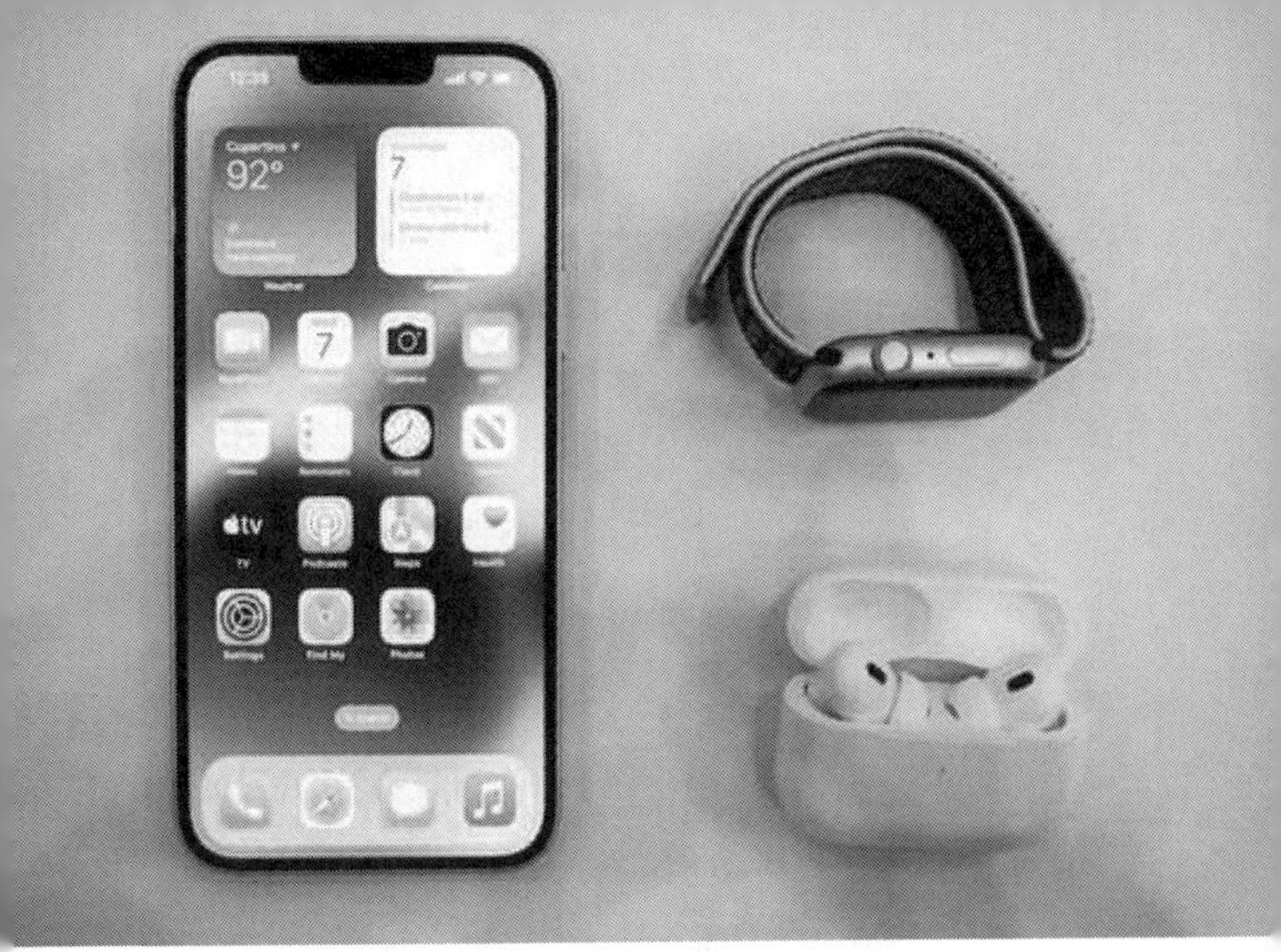

アップルが22年9月に発表した新製品＝ロイター／アフロ

的に発信している点は、多くの企業が見習うべき点といえるでしょう。

「我が社はこんなに素晴らしい最先端のテクノロジーを製品に搭載している」というこれ見よがしのスタンスではなく、あくまでユーザー視点に立った上で新たなブランドの価値とメッセージを発信していくのはブランドの差別化としては有効です。

iPhone 14シリーズの衛星経由による緊急SOSは当面、米国とカナダのみのサービスになります。利用可能な国・地域は今後拡大していくことが予想されます。衛星経由の緊急SOSのためにアップルは衛星会社の設備投資のほとんどを担うという報道もあり、アップルは自社製品の使い勝手を向上させるためにはインフラさえも改善していくという強い姿勢がうかがえます。

逆に言うと、自前の技術だけで製品のハードウエアやソフトウエアを改善して差別化する戦略はもはや限界に近づいているということかもしれません。今回のiPhone 14シリーズの初期出荷台数は期待を上回るものではないといわれています。22年10月6日にはグーグルが新型スマートフォン「Pixel 7」の詳細を「Made By Google」というイベントで公表しており、スマホ市場の主導権争いが激しさを増しています。

生活のほぼすべてを網羅した経済圏を狙うアマゾン

一方でアマゾンは新製品の多産多死を前提とした攻めの商品を発表しています。アマゾンの電子書籍端末「Kindle（キンドル）」の新モデル「Kindle Scribe（キンドル スクライブ）」は本を読んでいる最中に気になる箇所にタブレット感覚で書き込みができる機能があります。

書き込みができる大型電子インク端末は中国Onyxインターナショナルの「BOOX」や

ファーウェイの「MatePad Paper」が先行していましたが、こうした動きに参入するということになります。電子インク端末はカラーも出始めてきていることから、コンテンツの配信自体も幅広いアマゾンが参入するかどうかで市場が大きく変わりそうです。

ヘルスケア分野では、アマゾン初の睡眠管理に特化した製品ともいうべき「Halo Rise（ヘイローライズ）」が発表されました。睡眠管理機能を搭載した製品は多いですが、Halo Riseは各種センサーを使ってなるべく身体に負担がない形で睡眠中の呼吸や体の動きを検知し、睡眠の質を記録することを目的にしています。

一見するとベッドサイドの照明兼クロックですが、寝ている人の動きや室内の温度や湿度などをセンサーで感知して睡眠状態を分析・記録します。そのデータをもとに、よりよい睡眠環境を提供していくことが狙いです。

人工知能（AI）音声認識サービスのAlexa（アレクサ）と連携させることで音楽再生も可能で、医療ベンチャーの米ワン・メディカルを約39億ドルで買収したアマゾンが、今後も引き続きヘルスケア分野の製品やサービスを強化していくことがうかがえます。

このほかにも、防犯もかねた家庭用ロボットアシスタント「Astro（アストロ）」のアップデートをはじめ、アレクサを搭載したおなじみのスマートスピーカー「Amazon Echo」シリーズからネットワーク製品、セキュリティーカメラまで、各種デバイスが人工知能も活用して進化を遂げています。

ディスプレーつきの「Echo Show（エコーショー）」のうち、２０２２年4月に登場した大画面の「Echo Show 15」にいたっては動画を視聴する顧客が多いとのことで、スマートテレビ機能を追加するという斬新な対応を発表しています。ハードウエアだけでなく、ソフトウエアで顧客に価値を届けることの有効な例でしょう。

また子供向けのスマートスピーカーは、子供向けのオーディオブックやゲームなどが一定期間無料で含まれていたり、壊れても無料で交換したりするなど、サービスの設計としても配慮がなされています。

特に米ディズニーとの提携では、単にブランディングだけではなくリストバンドを活用したサービスがテーマパークと自宅の両方で使えるということで、スマートシティを思わせるような自宅を中心にした経済圏の拡大戦略がうかがえます。

アマゾンは今後ほぼすべてのホームデバイスがアレクサと互換性を持つことによって娯

楽や情報の提供から、運動を促したり、睡眠の状況を記録したりする健康面のバックアップまで、生活のほぼすべてを網羅して経済圏を強固にしていくことが考えられます。

創業者が開発者を引き寄せるテスラ

そして台風の目なのがテスラです。交差点も半自動で曲がることのできる自動運転技術の最新版ソフトウエアの配信先を一般ユーザーに広げるなか、ヒト型ロボット「オプティマス」のデモを行いました。

テスラは世界人口が今後減ることに備えて労働力を補おうという公益にも訴える狙いを込めていますが、自動運転に活用されている画像認識の技術をロボットに転用して質の高いソフトウエアを強化しています。実際に米カリフォルニアの自社工場でも使う予定で、価格も自社の電気自動車より安い2万ドル以下で大量生産を狙うと明かしました。

ただ、デモはまだ動きが鈍いものでした。これまでのホンダのアシモや、韓国の現代自動車グループに売却されたボストン・ダイナミクスが人型ロボットの実用化に悩まされた壁を越えられるのかが注目です。

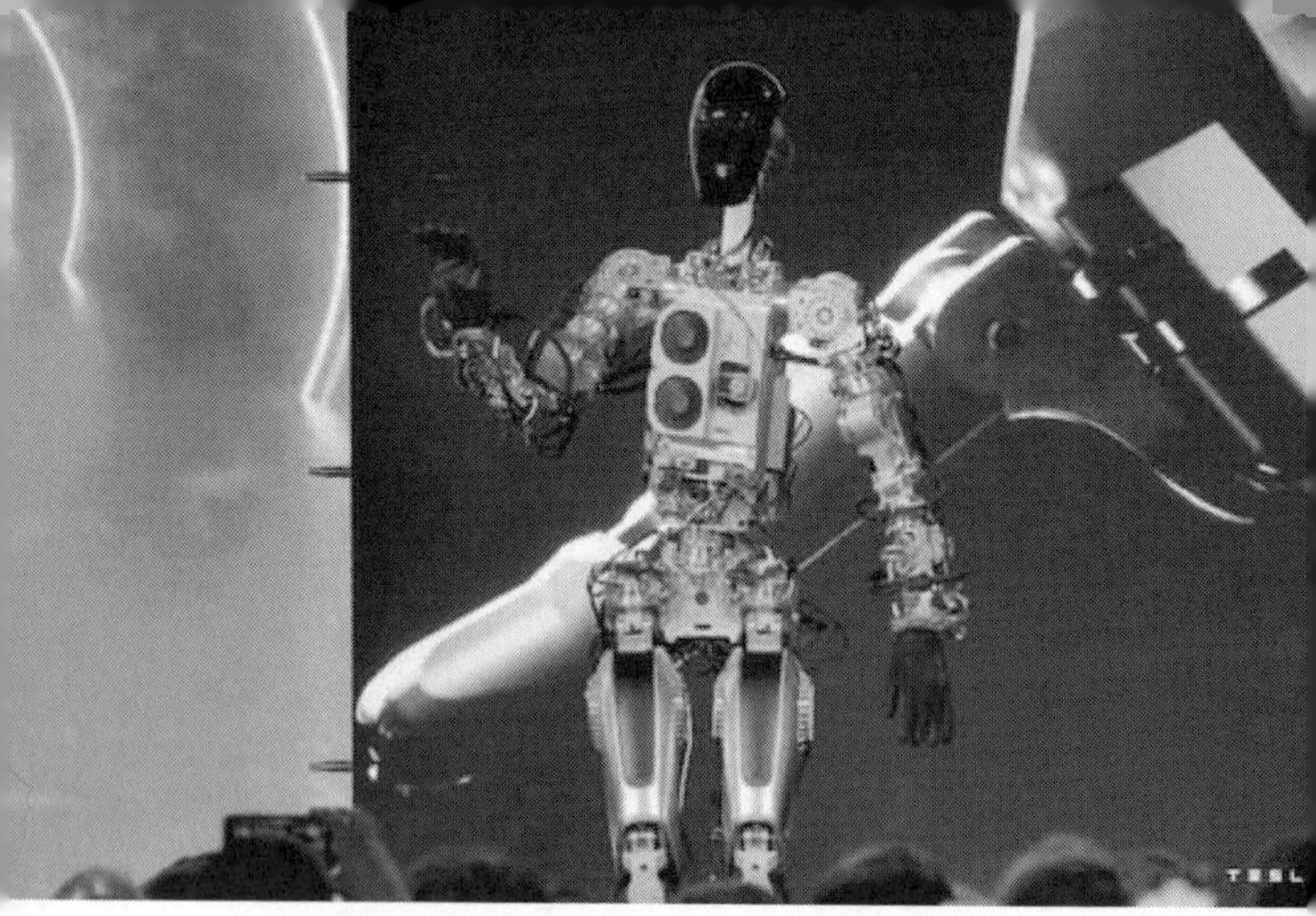

テスラが披露したヒト型ロボットの試作機（同社の配信動画から）

その鍵を握るのは開発者です。テクノロジー企業は新年度を迎えて優秀な研究者たちの争奪戦を繰り広げています。今回のテスラの発表イベントも、米スタンフォード大学すぐ近くの場所で多くのＡＩ研究者を招待して行われました。壇上には自社の技術者を多数登壇させ、ＡＩ開発のためデータ処理能力を向上させた独自のスーパーコンピューター「Dojo（道場）」を用意して開発者が報われやすい職場であるというメッセージを発しています。

時価総額が大きく創業者が経営を続けている数少ないテクノロジー企業のうちマーク・ザッカーバーグ氏が率いるメタは、メタバースへの期待感が薄れつつあり、大幅な株価低迷に直面しています。こうした中で自動運転だけでなく宇宙ロケットなど様々な最前線の技術を打ち出して世界一の富豪でもあるイーロン・マスク氏は技術開発者にとっては魅力を感じるでしょう。

このような様々な動きがあるなかで、日本はどうあるべきでしょうか。特にＡＩにおいては、日本でのブームが去ったように見る方もいます。しかし海外ではこれまでの識別に使うＡＩから２０１７年の画期的な論文の発表を契機に生成に使うＡＩの開発が相次いでおり自然言語から画像を生成するＡＩソフト「Stable Diffusion（ステーブル・ディフュージョン）」や、多言語ＡＩ音声認識の「Whisper（ウィスパー）」など、驚きの技術が次々と登場して注目されています。

日本では表面的な「はやり言葉」が登場したり、新技術に取り組むと定期的に宣言を出したりすることが多く見られます。それよりも強化すべきなのは、多産多死であっても着実にビジネスを前進させようと世界に通じる新製品・新サービスを実際に打ち出していくことではないでしょうか。

アップルの映画が作品賞
テレビ番組や報道にも及ぶ変化

「米アップルの映画が世界最高峰といわれるアカデミー賞の作品賞を受賞」――。映画をあまり見ないiPhoneやＭａｃユーザーの中には「なぜアップルが映画を?」と首をかしげた方もいるかもしれません。映画の世界はデジタル技術によって地殻変動が起きているのです。

アップルの映画とは、正確には動画配信サービス「Apple TV＋（アップルＴＶプラス）」が全米配給を手掛けた映画「コーダ　あいのうた」が、米映画界最大の祭典である第94回アカデミー賞の作品賞を受賞したのです。ストリーミングサービスが配給を手掛けた映画が作品賞を受賞するのは史上初の快挙です。映像のストリーミング配信といえば米ネットフリックスが優勢でしたが、徐々にアップルや米アマゾン・ドット・コムの動画配信サービス

第94回米アカデミー賞の作品賞を受賞し、喜ぶ「コーダ　あいのうた」の出演者ら（22年3月27日、米ハリウッド）=AP ／アフロ

「プライム・ビデオ」なども勢いを付けつつあります。

Apple TV＋の設立は2019年。当初はヒット作に恵まれませんでしたが、わずか2年ほどで多数の映画やドラマ作品を世に送り出し、ゴールデングローブ賞やエミー賞などを受賞してきました。

映画ビジネスは基本的に「制作」「配給」「興行」の3つに分かれます。作品を制作する映像制作会社、映画の権利を買い取って宣伝を行う配給会社、そして実際に映像を視聴者に届ける映画館やストリーミング配信業者などの興行会社です。

アップルはストリーミングサービスを通

じて、主に配給と興行を手掛けています。

例えば今回受賞した「コーダ」は21年4月に、米ユタ州のスキーリゾートに映画の買い付け担当者が集まるサンダンス映画祭で上映された作品です。好評だったことからアップルが同映画祭で史上最高額の約26億円で落札して、映画館での公開と同時並行でストリーミング配信を手掛けました。

アップルの作品の目利きと落札の積極性は功を奏し、「コーダ」はアカデミー作品賞や脚色賞、助演男優賞も受賞しました。また今回アカデミー監督賞を受賞した「パワー・オブ・ザ・ドッグ」も、ストリーミング配信業のネットフリックスが手掛けたオリジナル映像作品です。ネットフリックスやアマゾンは配給や興行に加えて、制作にも力を入れています。

その意味でも22年のアカデミー賞の結果は、映像業界に巨大なインパクトを与えました。Apple TV＋やネットフリックスをはじめとしたストリーミングサービスの勢いが加速し、今後はむしろストリーミング勢が映画ビジネスの主流になる可能性が高まりつつあります。

こうした中でオリジナル作品や独占配信は特に重要です。話題の作品は「この動画配信サービスでなければ見られない」と宣伝することで、顧客を呼び込めるからです。特にアップルやアマゾンの2社は、配信サービスでの囲い込みに加えて、iPhoneやアマゾンプライムといったアップルやアマゾンの経済エコシステムへの囲い込みを狙っています。データサイエンスの技術によって予測される費用対効果を基に、競合他社よりも買い付け金額を積みやすい状況にあります。

優れた作品の争奪戦は過熱を続けており、先ほどのサンダンス映画祭でのアップルによる史上最高額の落札にもつながっています。前述のヤマダホールディングスとアマゾンジャパンの提携によるスマートテレビの発売も、このエコシステムを拡大させます。

映像ストリーミング配信の競争過熱は制作者側にも波及します。映像制作の世界では、既存の枠を飛び出す人材の大移動が加速しているのです。優れた作品を手掛けた監督や将来有望な人材には国内外の企業から次回作に向けて声がかかり、潤沢な予算で映像作品を制作できるチャンスが増えてくるでしょう。

日本では濱口竜介監督の「ドライブ・マイ・カー」が国際長編映画賞を受賞しましたが、制作費は1億円ほどといわれています。これは世界の水準と比べると低予算です。資金があれば良い作品ができるとは限りませんが、予算が多ければ、より質を高める工夫の選択肢が広がります。

例えば、韓国の「パラサイト　半地下の家族」は政府の支援や視覚効果（ＶＦＸ）など先端の技術を駆使して、約10億円の資金を投じて制作されました。韓国語の映画でありながら、２０２０年のアカデミー賞において国際長編映画賞だけではなく非英語作品として初めて作品賞を受賞しています。

この受賞で濱口監督の次回作は、おそらく潤沢な予算を出せたり先端技術を持ったりする海外の制作会社から声がかかるかもしれません。

テクノロジー企業の映像配信への参画により、濱口監督だけではなく才能のある日本の映画監督が海外のマーケットで評価を受ける映画を撮影する機会が増えていきます。「ドライブ・マイ・カー」の受賞自体は喜ばしいことですが、結果として日本映画界の置かれている厳しい現状を浮き彫りにしたともいえます。

逸材ほど既存の枠を超えて活躍するという事例は、科学技術の世界で既に起きていることです。日本よりも米国で研究する道を選び、ノーベル物理学賞を受賞した真鍋淑郎氏のような事例が様々な分野で起きつつあります。受賞を単に喜ぶだけではなく、既存の環境に対して危機感を持ち、変化のアクションを起こさなければなりません。

バラエティー番組や報道でも地殻変動

映画だけではなく、バラエティー番組など他の映像カテゴリーでも、米国での変化に追随するような大きな構造変革が日本において起きつつあります。ネットフリックスはテレビ東京出身のプロデューサーを起用して、トークとドラマを組み合わせた映像作品「トークサバイバー！」を22年3月8日から配信して好評を博しています。

アマゾンも22年3月30日に新番組を披露する「Prime Video Presents Japan」というイベントを開いて、ＮＨＫやフジテレビ出身のプロデューサーがオリジナル作品の制作責任者になると発表しました。オリジナル制作のドラマ作品だけでなく、スポーツの独占配信や過去に日本だけでなく世界中でヒットとなったバラエティー「風雲！たけし城」の制作や配信を北野武氏とともに発表しています。

北野氏というテレビ業界のベテランがストリーミング配信に動くということは、新型コロナウイルス禍以前の数年前では想像し難いことでした。また、23年にはテレビ朝日で「あざとくて何が悪いの？」などアジアの若者に人気のある番組を手掛けた敏腕プロデューサーの芦田太郎氏がアマゾンオリジナル番組制作会社に移籍をしています。

また、報道の世界でも地殻変動が起きています。偏向的な報道が目立つＦＯＸニュースの放送ジャーナリストであったクリス・ウォレス氏が21年に、ライバルの米ＣＮＮに移籍して世間を驚かせました。ウォレス氏は移籍の理由について、陰謀論やフェイクニュースを報道することへの罪悪感だったとニューヨーク・タイムズ紙に語っています。

ウォレス氏が移籍したＣＮＮでは、22年から「CNN Plus（CNN＋）」という独自のストリーミングサービスを開始しています。CNN＋はライブ配信とニュース番組をミックスさせた新しい形のニュース配信番組です。

有料会員になれば視聴者はライブで司会者に質問を投げかけたり、議論ができたりするようになるなど、新しい付加価値がポイントです。従来のような一方向的なテレビ放送とは異なる、双方向性を持ったプレミア感、ライブ感のあるニュース番組という形は、いずれ日本にも遅れて登場してもおかしくはありません。

メディア業界は中立性よりも偏向的な報道で視聴者数を増やして短期的な利益を最大化

させるのが手っ取り早いので、ジャーナリズム精神は失われてしまいがちです。しかし記事の質が下がると、思慮ある視聴者は離れていき、偏向的な報道をうのみにする視聴者のみを相手にすることで長期的には悪循環を引き起こす懸念があります。

テクノロジー企業がエコシステムの拡大のために洞察のある報道を続ける企業を買収・提携をしてもおかしくはありません。ただ、その場合もジャーナリズム精神を死守しながら企業としてどう利益を追求していくか、報道各社は模索しています。

このメディアの大きな地殻変動において、散発的にスタートアップやテクノロジー企業と提携するだけでは、テクノロジー業界からの参入には対抗できません。メディア各社は中長期的なビジョンを持ち、テクノロジーやファイナンスにも理解が深い経営陣が抜本的な改革を進めつつ、競争優位を保たなければなりません。どの業界においても、勝ち筋をつくれるのは目の前のスポンサーの意向に合わせるのではなく、経営を根本から変えるデジタルトランスフォーメーション（ＤＸ）に挑む企業になるでしょう。

Part 5

日本人が知らない
世界の最新常識

テックジャイアントと地政学

Tech Giants
and
Geopolitics

ベンチャー投資「冬の時代」か
先人に学ぶ生き残り術

「資金調達が難しくなる冬の時代をどう乗り切るか」。京都大学出身の起業家が22年5月に都内で開催した勉強会のディスカッションの一部です。非公開の勉強会でしたが、先輩起業家の知恵を熱心に学んでいます。

ウクライナ情勢や世界的なインフレに加えて、ドルと同じ価値を持つはずだった暗号資産(仮想通貨)のアルゴリズム型ステーブルコインが乱高下するなど、不安定な経済情勢が続いています。こうしたなか、テクノロジー上場企業の株価は全般的にさえません。特に会員数が純減となった米ネットフリックスなど、株価が年初から半値以下に下がったところもあります。

株価の時価総額を利益額で割ったＰＥＲ(株価収益率)などの比率(マルチプル)も低下

2022年5月5日の米ニューヨーク株式市場のトレーダー。
米連邦準備銀行（FRB）によるインフレ対策を前に株価は低迷した=AP ／アフロ

しました。定期契約でソフトウエアの機能をインターネットで提供して景気変動の影響を受けにくいとされる「ソフトウエア・アズ・ア・サービス（SaaS）」と呼ばれるビジネスモデルの企業であっても株価の低迷に巻き込まれています。

この要因の一つは、ヘッジファンドやプライベートエクイティファンドがベンチャーへの投資に乗り出し、資金供給があふれていたことの反動でしょう。特に21年にベンチャー投資額を大きく積み増したヘッジファンドにおいては短期的な利益を求められる一方で、投資先の評価額による影響を受けやすいため、資金を引き揚げるスピードも速いのです。

ネットやソフト、金融テクノロジー分野への投資で知られる米有力ヘッジファンドのタイガー・グローバル・マネジメントは22年の第1四半期（22年1月～3月）の投資成績がマイナス34％に上るという報道が出ました。また、テクノロジー企業に投資をするソフトバンクも投資損失が響き、20年度の4兆9879億円の黒字から21年度は1兆7080億円の最終赤字に転落しています。

この影響は、特にベンチャーにとって打撃になります。なぜなら投資家の運用成績はベンチャーの上場や売却した時の時価総額で決まるため、将来想定される時価総額が下がる見通しになると投資家はこれまでより投資を控えてしまうからです。そうすると、多くの初期のベンチャーは黒字ではないこともあり、手持ちの現金が枯渇する確率が高まってしまいます。

現金流出を抑えるよう警告

大企業とは違って多くのベンチャーは手持ちの現金は多くありません。人件費などのコストに資金が消えることを「現金を燃やす（Cash-burn、キャッシュバーン）」と表現します。1カ月当たりのコストを「バーンレート」と呼び、手持ち現金で何カ月持つかを飛行機の滑走路に例えて「ランウェイ（滑走路）」と呼びます。

ベンチャーのなかにはランウェイが1年未満になってしまっているところもあります。なぜランウェイを1年半などに延ばせなかったかというと、創業者らが株式の新規発行で投資家から資金調達をしすぎると自分の株式の持ち分が下がってしまい、持ち株比率に応じた経営権や上場時に得られる利益が減ってしまうからです。

しかし今回のように、資金調達が難しい場面が予想された場合には余分に資金を調達しランウェイを長くすることがベンチャーの生存につながります。別の見方をすれば「冬の時代がくる」と警告することによって、投資家としては割安に資金をベンチャーに注入できる機会を得ることもできます。

一方で、メディアも相場の変化を大きく見せてあおる方が利益につながりやすいため誇大な表現になりやすい傾向もあります。どのような力学が裏で働いているかを冷静に見なければなりません。

21年12月にはベンチャーの駆け込み上場がありましたが、同様に駆け込み資金調達も見られました。資金調達には一般的に時間がかかるため、21年の秋に動き始めて、ようやく最近になって資金調達の完了にこぎつけるというものもあります。実際に市場が崩れ始めてから動くのでは遅いのです。崩れ始めた後ではコストカットなどで対応するなど、対応できる手段が限られてしまいます。準備をしておくに越したことはありません。

米ベンチャーキャピタル大手のセコイアキャピタルや、インキュベーター（起業支援）の米Yコンビネーターは、新規株式公開（IPO）を控えた出資先のスタートアップ企業に景気後退が今後も続いていく見通しを説明して、正念場を迎えた今こそキャッシュの流出を抑えるように警告しています。

このような状況のなか、未上場ベンチャーの時価総額ランキングは注意して見なければなりません。日々取引をされ、値付けされている上場企業とは違い、未上場では多くのランキングは各企業の評価額がいつかを明記しておらず、ばらばらの日付で過去に資金調達した際の推計にもとづいています。タイムラグが大きく、いわゆる「Apple to Appleの比較（同じ条件での比較）」ではないのです。

また、投資家の種類によっては評価額が甘く値付けされている可能性もあり、時価総額が大きいから安心というわけではありません。同時に、評価額の低下は買収や出資のチャンスでもあり、企業の再編が進む場面もあるでしょう。他社の人材を引き抜く絶好の機会にもなりえます。

米ブロードコムは約9兆円という巨額で仮想ソフトの「ヴイエムウェア(VMウェア)」を買収すると発表しています。今回の市況の変化がどうなるかは様々なマクロ経済の要因や国内外の状況の違いにも左右されますが、ベンチャーが次の経済を作っていくことに貢献する役割に変わりはありません。

08年のリーマン・ショックの際にビットコインの構想が生まれたように、危機の際には画期的な技術が出てくることもあります。日本政府や企業は短期的ではなく、長期的な視野と意義のある行動でベンチャーのエコシステムに加わることが不可欠です。

海外に遅れる「起業家精神」日本が取り組むべき支援

読者の皆さんは政治に何を望むでしょうか？　テクノロジーや起業に関して政治ができることは、新たなルール作りや資源の配分などによって事業環境を整備することです。

日本が特に遅れているデジタル技術に関連していえば、規制緩和やスタートアップ企業を増やすエコシステム（生態系）の整備が重要事項の一つでしょう。ブロックチェーン（分散型台帳）技術を使って新しいインターネットを目指す「Ｗｅｂ３（ウェブ３）」といった特定の領域への過度な誘導ではありません。

米調査会社のスタートアップ・ゲノムなどは22年6月16日にスタートアップ企業のエコシステムが整備されている都市の世界ランキングを発表しました。ランキングによると、韓国のソウルが10位に躍進し、日本の都市は東京が２０２１年の9位から12位に後退しま

スタートアップエコシステムランキング（2022年）

順位	変動	都市名
1位		米シリコンバレー
2位タイ		米ニューヨーク
2位タイ		英ロンドン
4	△1	米ボストン
5	▼1	中国・北京
6		米ロサンゼルス
7		イスラエル・テルアビブ
8		中国・上海
9	△1	米シアトル
10	△6	韓国ソウル

（出所）米調査会社スタートアップゲノムなど

した。

このランキングは22年版「グローバル・スタートアップ・エコシステム・リポート」によるものです。リポートは日本の都市について21年の京都に続いて大阪も取り上げており、関西圏のエコシステムが世界に知られつつあります。

22年のランキングは米シリコンバレー、同じ米国のニューヨーク、英国ロンドンが21年と同じく上位を占めました。4位は21年に5位だった米ボストンが順位を上げ、5位は順位を1つ落とした中国・北京でした。

シリコンバレーは新型コロナウイルス禍によるロックダウン（都市封鎖）やリモートワークの普及によって人材が流出してしまうかもしれないと

いう懸念がありましたが、こうした心配は後退しました。また学術研究の中心地である米スタンフォード大学は気候変動についての学部を新設します。

実に70年ぶりとなる同大学の学部新設は、著名なベンチャーキャピタル（ＶＣ）ファンドである「クライナー・パーキンス（Kleiner Perkins、旧ＫＰＣＢ）」のパートナーであるジョン・ドーア氏らによる約１４００億円の寄付によるものです。米国ではゼネラル・モーターズ（ＧＭ）系の自動運転技術開発会社であるＧＭクルーズなどがサンフランシスコ市内で自動運転タクシーの商用利用を開始するなど、新技術のエコシステムを進化させています。

ニューヨークやロンドンはもともと世界金融の中心地でもあり、多くの国際企業の要地になっていることから、人材のネットワークづくりもしやすく安定的にスタートアップが生まれています。特にヘルスケア分野に対する投資が増えていることから、ヘルスケアに強みのあるボストンが順位を上げています。

さらに米中関係の緊張も影響しています。中国の滴滴出行（ＤｉＤｉ、ディディ）などの中国系スタートアップが米株式市場から撤退するおそれもあることから、北京が順位を落としています。

一方で、目を引くのは韓国の躍進です。半導体や蓄電池の開発協力で米国との連携が強まりつつあり、英語ができる人材の割合が多いことや、21年3月に約9兆円の時価総額で米ニューヨーク証券取引所に上場した韓国の電子商取引（ＥＣ）大手クーパンなどのユニコーン企業が日本の約2倍あるというのが理由です。バイデン米大統領が日本より先に韓国を訪問していたことも象徴的です。

ただ、ランキングは過去数年の調達額や上場企業数などを調べて集計しています。22年前半に起きたテクノロジー株やスタートアップの大幅な株価下落の影響は十分に反映されていません。韓国クーパンの時価総額は現在8割ほど下落しています。あくまで参考程度に見なければならないでしょう。

日本が参考にできるフランスの政策

そのなかで日本がいま参考にできる国の一つはフランスでしょう。欧州の中でも保守的なことで知られるフランスが近年「フレンチテック構想」という看板を掲げて、企業や組織の垣根を越えて知識や技術を持ち寄る「オープンイノベーション」の促進に向けて本格的に動き出しています。

主導するのはもちろん、22年4月に再選を果たしたマクロン仏大統領です。廃止した駅舎を改装した世界最大級のベンチャー育成センター「ステーションＦ」の創設に始まり、世界的なテック企業になる可能性を秘めたスタートアップ１２０社を選出した「フレンチテック・ネクスト40／１２０」を公表しています。さらに欧州全体も巻き込んで30年までに時価総額14兆円超の巨大な情報技術（ＩＴ）企業を欧州から10社出すことを目指しています。日本でいえば、岸田文雄首相がアジア各国に向けて時価総額10兆円の巨大テック企業を10社創出すると呼びかけるようなリーダーシップに近いでしょう。フランスは制度面でも整備を進め、スタートアップ・エコシステムを強化・発展させています。

10年代半ばまでのフランスは日本と非常に近い立ち位置にありました。保守的でリスクを回避する傾向が強く、伝統的な教育機関が存在感を持っており、起業する人口は他国に比べて少なかったのです。要するにフランスも数年前まで「出るくいは打たれる」という風土であったため、スタートアップが育たないという日本と同様の悩みを抱えていたのです。

フランス・パリで開催した「ビバテクノロジー 2022（Viva Technology 2022）」
＝ロイター／アフロ

そのフランスですらも大きく変わり始めているのです。国を挙げてアントレプレナー（起業家・企業家）を増やすための強化支援策をさまざまに講じた結果が、ここに来て成果を生み出し始めているともいえるでしょう。

フランス・パリでは22年6月に欧州最大規模のスタートアップやテックのカンファレンスである「ビバテクノロジー２０２２（Viva Technology 2022）」が開催されました。16年からの開催で、集まる企業に偏りはあったものの気候変動など独自の注目テーマなどを扱って徐々に海外の有力スタートアップの創業者も集まるイベントになりつつあります。

であるからこそ、フランスと同じような立場にある日本も大規模なスタートアップ創出に向けていま一度、真剣に取り組むべき局面に来ています。ヤフー元社長の宮坂学東京都副知事はビバテクノロジー２０２２に参加し、東京都は23年2月に「TOKYO City-Tech」というテーマで独自の大型グローバルイベントを東京国際フォーラムで開催します。

これまでTechCrunch TokyoやSlush Tokyoなど、海外をモデルにしたグローバルイベントはありましたが、東京都が世界に向けて行うイベントは近年ありませんでした。同様の動きは本来グローバルに人気がある京都や大阪、神戸、福岡などの他の都市もできるのではないでしょうか。ただし、地方であればより注意して、海外から招待する人の目利きは必ず現地のベンチャーに詳しい人に確認をしなければなりません。

スタートアップの世界は１つの成功の陰に、その10倍以上の失敗例が積み上がる「多産多死」の世界です。けれどもチャレンジしなければ、経済的には後退の一択しかありません。フランスも韓国も、そしてその他の国々も変化するために動き出しています。日本もここからフランスのように変わっていくことはできるはずです。

ＡＩで契約書のチェックを行う日本のスタートアップであるリーガルフォース（LegalForce）が22年6月に海外投資家であるセコイア・チャイナなどから新たに１３７億円の資金調達をしたように、投資家が国境を越えてくる事例は増えています。

ただし投資家はあくまで黒子です。海外も視野に入れて現実的なビジネスプランを立てられる起業家がより出てくれば、鶏と卵の関係ではないですが、自然と海外の有力投資家も集まります。無理に政府が海外投資家を補助する必要はないでしょう。筆者のところにも「日本に良い投資先はないか？」と、先述のクライナー・パーキンスの知り合いのパートナーから相談が来るほどです。

より必要とされているのは、外貨を稼ぐことも視野に入れて起業を目指す高い志を持つ人材を増やすことです。そのためには志の高いスタートアップ創業者の話を直接聞く機会を増やすことが一番でしょう。

早稲田大学などは起業経験者に式辞を述べてもらい、起業のための養成講座を設けています。東京から離れた京都大学でも志の高い先輩起業家に質問ができる授業や講演会、勉強会が増えています。

そもそも日本語で起業家（企業家）と訳される「アントレプレナー」という言葉は、フランス語のentre（間）＋preneur（担い手）を組み合わせたentrepreneur（間をつなげる人）に由来するといわれています。20世紀初頭、世界で初めて「イノベーション理論」を確立した経済学者ヨーゼフ・シュンペーターがアントレプレナーを「イノベーションを実行する者」と定義して以降、ビジネスの世界で広く使われるようになりました。

テクノロジーのベンチャーは発明（invention）だけではビジネスにはならず、普及をするまでを含めたイノベーション（innovation、新結合）が必要なのです。そのためには多くのビジネスや政府の関係者が必要であり、それぞれがアントレプレナーの精神を持たなければなりません。

いまやスタートアップはスタートアップ、大企業は大企業、大学は大学、政府は政府といった閉じた関係性で完結する時代ではありません。22年の東京大学の入学式で藤井輝夫学長が30年までに７００社の起業家の輩出を支援すると宣言をするほどに時代は変化しています。

大学向けの10兆円ファンドの運用もあり、いつ産官学の境目をまたいで活躍する人材が今後さらに必要になってきます。持ち回りで「この人はスタートアップ担当」とするのではなく、どんな人脈が活用されるか分からないので全員が「担当者」のつもりでなければならないのです。

英語はもちろんのこととして、デジタル技術を活用したビジネスモデルやファイナンス、データサイエンスなどの最低限の知識は、企業のどんなポジションでも必要になるでしょう。デジタルならば無償で「リスキリング（学び直し）」ができる取り組みを「日本リスキリングコンソーシアム」が22年6月16日に発表しています。同コンソーシアムは米グーグル日本法人が中心になって、省庁や地方自治体、企業など49団体が参画して今後拡充する予定です。

改革を待つばかりであったり、お互いの縄張りを意識したりするのではなく、エコシステムの一員としてどう改革を起こすために動くべきなのか。政治家だけではなく、それぞれ自発的な起業家精神が従来以上に求められています。

AdobeがFigmaを巨額買収
企業ＤＸの手本になる理由

米アドビは２０１２年創業のスタートアップ企業であるフィグマ（Figma）を約２兆８７００億円で買収すると発表しました。フィグマはデザインの共同編集ソフトウエアを手がけており、アドビの意思決定には日本の大企業が「デジタルトランスフォーメーション（ＤＸ）」を進める際のヒントが隠れています。

アドビによるフィグマ買収は、アドビが行った買収の中でも高額です。アドビがフィグマの買収に投じる金額は、日本の上場企業でいえばパナソニックホールディングスや第一生命ホールディングスの株式の時価総額と同規模で、過去のソフト企業の買収でも有数の規模になります。

企業価値が10億ドルを上回る未上場企業である「ユニコーン」やスタートアップ企業の

多くは現在、米国の金融引き締めによって冬の時代を迎えているといわれています。そんななかでの巨額買収は大きなニュースになっています。

クラウドの波にいち早く乗った老舗アドビ

なぜアドビはこのような買収に至ったのでしょうか。多くの読者にとってアドビといえば、PDF文書管理ソフトの「Acrobat」が思い浮かぶのではないでしょうか。

同社は1982年創業の老舗ソフトウエア企業であり、2000年代初めにドットコムバブルが崩壊した後は株価の低迷に苦しみました。しかし07年に就任したインド出身のシャンタヌ・ナラヤン会長兼最高経営責任者（CEO）の先見性もあり、ソフト業界の中でいち早くクラウドサービス化の波に乗りました。

それまでのアドビはソフトウエアをパッケージで販売する単年度の売り上げを重視していました。ナラヤンCEOはクラウドを通じてソフトを提供するSaaS（ソフトウエア・アズ・ア・サービス）と呼ばれるサブスクリプション（定額課金）で継続的にソフトを販売する経営戦略に軸足を移して株価を向上させ、現在の時価総額は約20兆円に上ります。

ちなみに米マイクロソフトもアドビの戦略転換に学び、同じくインド出身のサティア・ナデラCEOが稼ぎ頭の「office」のソフトを単体のパッケージ販売からサブスクリプション販売に切り替えて大幅な株価の回復をなし遂げたのです。

アドビが提供するサービスは文書管理以外にも、クリエーター向けの「フォトショップ」、グラフィックデザインソフトの「イラストレーター」など数々のデジタル関連サービスを提供しています。そのツールの多くはいわゆるプロ向けのソフトです。デジタル作品の制作にかかわらない人にはあまりなじみがないかもしれません。

フィグマが急成長した理由

しかし、そこにフィグマという新星スタートアップが登場しました。フィグマはアイビーリーグと呼ばれる米国の名門大学の一つであるブラウン大学でコンピューターサイエンスを学んでいたディラン・フィールド氏が弱冠20歳で創業しました。

フィールド氏はビジネス向けSNSを運営する米リンクトインなどの企業でインターンシップを経験。その後、大学で出会った共同創業者とともに、共同作業でデザインができる最適な環境を追求するというコンセプトで起業したのです。

米ペイパル創業者で著名投資家であるピーター・ティール氏の奨学金「ティール・フェローシップ」に選ばれたフィールド氏は大学を中退し、サンフランシスコに移住して開発を進めていきます。この奨学金は若者に出資する代わりに起業させるプログラムで、大学を中退して起業すれば約1400万円が支給されるというものです。

フィグマの経営はコンセプトから製品化まで試行錯誤の繰り返しでしたが、ウェブブラウザーを使ってクラウド上で簡単にデザインをリアルタイムで共有できる利便性は注目を浴びました。多くの需要を喚起し、米グーグルや米民泊仲介大手の米エアビーアンドビー（Airbnb）などにも採用されるまでに至ります。

また、無料で使える機能も多いために、プロのデザイナーだけでなく一般のユーザーも最初にソフトの機能を覚えてデジタル技術を使ったデザインを学ぶ一歩として使うようになったことも人気の要因の一つです。ブラウザーだけで社外のユーザーと作成したデザインを共有できたり、無料でも機能の制限が少なかったりするので、共同作業が楽に進められるのです。

特に新型コロナウイルス感染症によってリモートワークが当たり前になると導入するユーザー数が飛躍的に伸びました。21年には時価総額が1兆円を超え、急成長するスタートアップ企業の代表格になっていました。

そして創業者のフィールド氏が30歳になった翌22年、今回のアドビによる約2兆8700億円の買収が発表されます。これはフィグマの年間収益の約50倍といわれており、通常の上場時でも時価総額は年間収益の10倍以下が多いというところから比べると、破格です。

アドビからすると、急成長する新星スタートアップを自分たちが取り込めるならば、買収価格が1年前の約1兆円から2倍超になったとしても買収の意義があると判断したのでしょう。

なぜならアドビが作ってきたソフトのクラウド化は、あくまで個人が単独で利用する場面を想定して設計されてきたものでした。もともと共同作業を前提としたフィグマとは、そもそも哲学が違うのです。アドビも新サービスとして共同作業ができるAdobe XDの正式版を17年に投入しますが、フィグマの成長を止めるまでには至っていませんでした。

22年8月のフィグマのイベント（フィグマ提供）

こうなるとアドビにとってはフィグマを自社のエコシステムに組み込んだ方が長期的な利益につながります。いわばアドビは従来の戦略を「自己否定」して買収に踏み切ることで進化する道を選んだわけです。

これは06年にグーグルが米ユーチューブ（YouTube）を16億5000万ドル（当時の為替レートで約2000億円）で買収した経緯に似ているでしょう。当時としては高すぎる買収といわれましたが、グーグルはユーチューブに対抗して「Google Video」を開発したものの、ユーチューブの成長に追いつけず買収に踏み切ったのです。

同時に、それまでユーチューブはソフトの

機能を重視した開発を進めていました。グーグルの買収によってユーザーの使いやすさや伝わりやすさといった新しい価値観を取り込む戦略に転換し、結果的に動画市場の開拓につながりました。

次世代の自動車でも同様のことが起きています。自動運転の時代が来るといわれているなかで、08年のリーマン・ショックによって一度経営が破綻した米ゼネラル・モーターズ（GM）は16年に自動運転の技術開発を進めていた米クルーズ・オートメーション（Cruise Automation）を高額で買収しました。

クルーズ・オートメーションは米マサチューセッツ工科大学（MIT）出身で34歳だったカイル・ボークト（Kyle Vogt）氏が3年ほど経営していたスタートアップでした。GMはこの買収によって、ほかのソフト企業が主導する自動運転技術の開発競争になんとか食らいついたという経緯があります。

日本企業にとって大きなヒントに

今回のアドビによるフィグマ買収は、そもそも買収が成立するのか、買収後の統合がうまくいくのかといった様々な波乱の懸念がまだ残ります。

しかし絶えず変化が起こるビジネスの世界で、今回の買収劇は日本企業に大きなヒントになるでしょう。なぜなら日本の大企業は急成長するスタートアップを買収する割合が海外に比べて極端に低く、人材や経営ビジョンの新陳代謝が十分に起こっていないからです。

大企業がスタートアップの買収で成功するには、景況感に左右されない普段の取り組みが重要です。経営者の年齢が若いといった理由でスタートアップとかかわりを持つのを嫌がらず、世界中の優秀な理系人材と将来ビジョンを共有しつつ、スタートアップ企業への出資や買収を目的としたコーポレートベンチャーキャピタル（CVC）の事業を自前で築き上げて他人任せにしないことも必要です。

部長クラスの年収がタイより低い日本経済成長の鍵は

経済産業省が2022年5月末に発表した「未来人材ビジョン」という報告書は、部長クラスの給与を比較すると日本企業の部長の年収はタイの部長よりも低いといった現実を紹介しています。なぜなのか、日本はどうすれば経済成長できるのでしょうか。

経産省の未来人材ビジョンは、日本の国際競争力が過去30年間に1位から31位に転落したという調査の結果や、15歳以上65歳未満の生産年齢人口が50年までに3分の2、つまり全人口の約半分になるといった厳しい現状をまとめています。経産省が引用した調査の22年最新版では日本の国際競争力は過去最低の34位に落ち込み、シンガポールが3位とアジアトップです。

経済成長のためには国際競争力のあるビジネスの創出が重要です。最先端のデジタル技

課長・部長への昇進年齢

	課長	部長
中国	28.5歳	29.8歳
インド	29.2歳	29.8歳
タイ	30.0歳	32.0歳
米国	34.6歳	37.2歳
日本	38.6歳	44.0歳

（注）調査対象は、従業員100名以上の企業に勤める勤続1年以上のマネージャー回答者数は米国295名、インド250名、中国308名、タイ271名、日本429名実施時期は2014年10月
（出所）リクルートワークス研究所「5ヶ国マネージャー調査」を基に経済産業省が作成。

海外諸国との年収比較

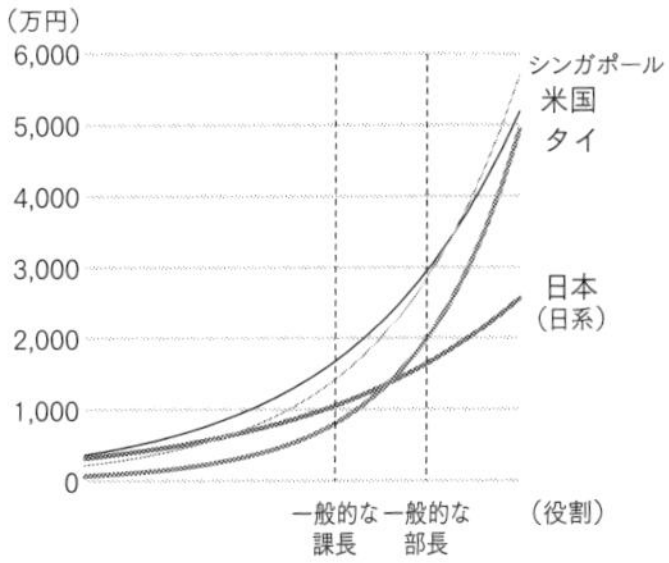

（出所）Mercer “Total Remuneration Survey（2019）”を基に経済産業省が作成。

世界競争力ランキングの推移

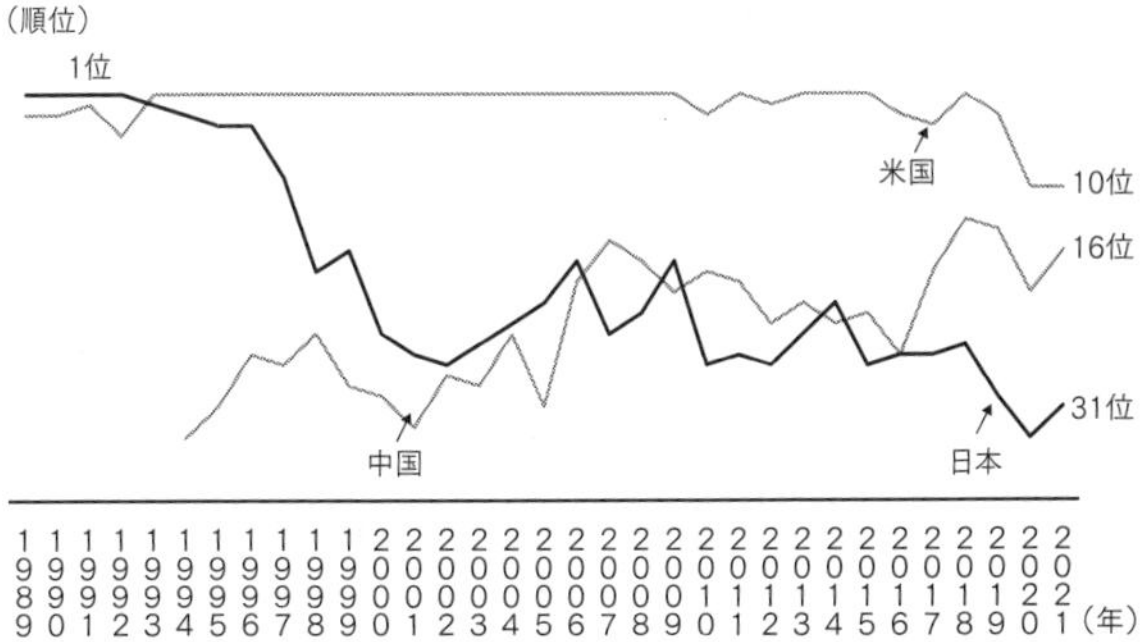

（出所）IMD “World competitiveness yearbook” 等を基に経済産業省が作成。

日本の生産年齢人口の推移

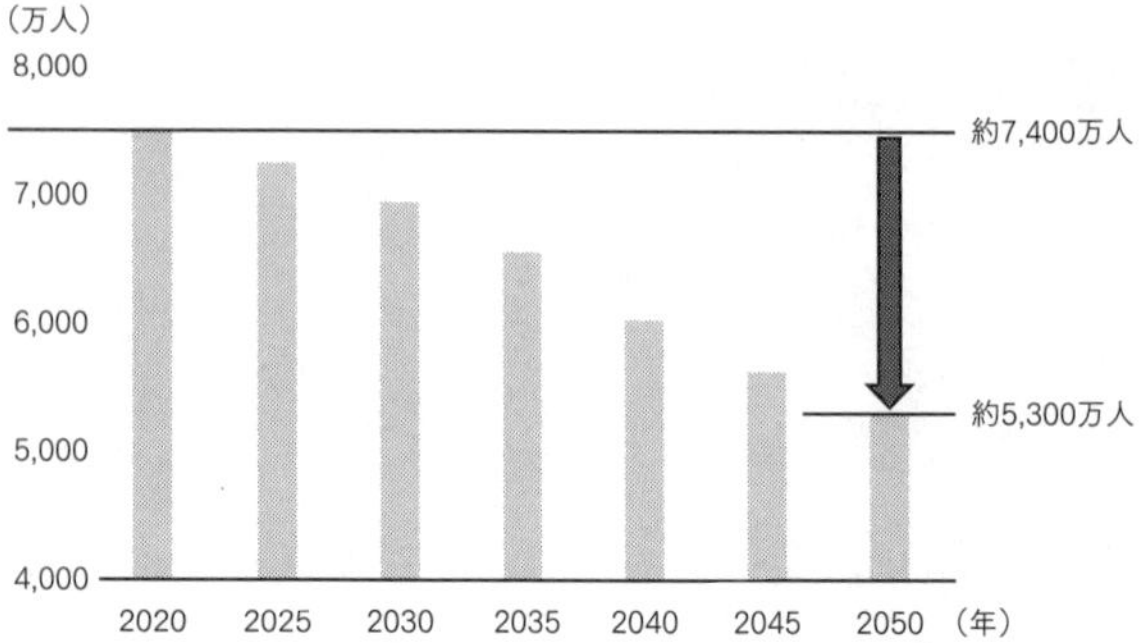

（出所）国立社会保障・人口問題研究所「日本の将来推計人口（平成29年推計）」の出生中位（死亡中位）推計を基に経済産業省が作成。

術を応用したビジネスモデルをつくることが欠かせません。デジタル技術を使いこなし、ビジネスを率先して構想する人材育成が鍵となります。

単に既存の業務をデジタル化するだけではあまり効果がありません。極論すれば、外国のデジタルサービスを使って単純に業務の効率化を実現したとしても、浮いた時間を生産的な仕事に回せなければ、単にデジタルサービスによる利益の多くが海外に流出するだけになります。日本の経済にとって大きなプラスにはならないのです。

なぜ日本の競争力が下がったのか

経産省の未来人材ビジョンが課題として挙げているのは、日本の人材競争力が下がっている事実です。なかでも深刻なのは、日本企業の従業員は「現在の勤務先で働き続けたい」と考えている人の割合が非常に低い半面、転職や起業の意向を持つ人の割合は少なく、スキルを磨く意欲も低いという現実でしょう。

現状の勤務先に不満があるならば受け身で変化を待つのではなく、能動的にスキルを磨いて転職や起業をするのが妥当な選択になるはずなのですが、そうはなっていないのです。特に「社外学習・自己啓発を行っていない」という人の割合は調査対象国の中で断然トップです。デジタル技術に疎い企業に所属している場合は、社外でデジタル化を学ぶしかないはずです。

「デジタルトランスフォーメーション」が必須な現代において、新しい学びを取り込むことができない現実は、経済成長への大きな足かせです。日本に拠点を置いてデジタル技術を駆使して先端的な取り組みをしている企業が少ないうえに、海外に留学する日本人の数も17年までの過去13年間に約30%も減少している現実は大きな機会損失です。

日本の人材は15歳では世界トップレベルの数学、科学のリテラシーがあります。にもかかわらず、その競争力を産業に十分活用できていません。その理由は高校3年生ごろまでの学びはあくまで基礎であり、デジタル技術といった、どの業界にも必要で応用できるリテラシーは大学・社会人以降も自発的に学び続ける習慣が足りていないからです。大学生であればインターンなどを経験して実践と学びのサイクルを作り出さなければなりません。筆者が在籍する京都大学はブロックチェーンなどの分野でこのような動きがあります。

また、日本企業の従業員エンゲージメント（個人と組織の成長の方向性が連動していて、互いに貢献しあえる関係）は世界全体で見ても最低水準です。これは当事者意識があるかどうかという考え方もできます。特に、大企業に勤務していると一人の意思や行動が大きな変化につながる体験が少なく、受け身になりがちでしょう。日本の大企業の歯車としては旧来の真面目な気質の人材の方が都合はよいかもしれません。

しかし約30年を経て、時代の人材ニーズは大きく変化しました。いま社会と企業に求められている人材は自ら動いて健全な批判精神を持って思考し、自己研さんできるビジネスパーソンです。単なる歯車の集合体のままではグローバル競争を生き残れないでしょう。いま不足しているのは歯車ではなく、自律性や能動性を持つモーターなのです。

人材の多様性が不可欠に

かつて日本人は真面目で勤勉な国民性でよく知られていました。その真面目さが高度経済成長期を支えた側面は確かにあります。しかし、見方を変えると日本人の真面目さとは「暗記」や「上から言われたことを言われた通りにやる」といった類いにすぎず、自律性や能動性には欠けていたともいえるでしょう。

単に知識を覚えて使うだけなら、もはや検索エンジンに任せたほうが良い部分が多いのです。「なぜそうなっているのか?」「こうではないか?」と考える「クリティカルシンキング(批判的思考)」がより必要なのが現状です。大企業と違いスタートアップ企業はクリティカルシンキングを常に高速に繰り返しています。この思考ができなくなると存在意義が薄れ、倒産してしまう確率が高くなるためです。

義務教育は受け身の学びも多いため、18歳時点では「自分で国や社会を変えられると思う」という意識は非常に低いでしょう。しかし一方で、小さな規模でもよいので自分の意見や行動が世界を変えるという体験を早めにしておく必要があるのです。

そのような体験は、例えばスタートアップの起業や片道切符の出向、インターンなど自分の意見が直接事業に影響する動的な環境にいったん身をおくことが解決策の一つになります。有望な人材にはあえて社外にいったん出てもらって成果を出し、OBとして戻ってもらうことも長期的には会社のためになります。

同時に、新しい人材を取り込むことが一つの選択肢です。企業の生え抜きが経営陣のほとんどを占める日本のような国は、もはや珍しくなりつつあります。外資系企業からの優秀な人材を好条件で引き抜くことと同時に、自由に活躍できる場の創出やスタートアップ企業の買収も選択肢の一つになります。

経産省の未来人材ビジョンは「高度外国人（高度なスキルや能力を持つ外国人）から選ばれない国になっている」という現実も数字で示しています。外国人労働者が不足する一方で、高度なスキルを持つ優秀な外国人には敬遠されるのが現在の日本なのです。

日本に観光目的で訪れることはあっても、海外の人々にとっては子供の教育環境や報酬にかかる税制も含めた働く環境の改善が必要です。特に新型コロナウイルスの影響もあり、アジアの中ではシンガポール以上の環境を整備しなければなりません。

未来人材ビジョンは、多様性がイノベーション創出にとって不可欠だと指摘しています。意思疎通に時間がかかっても多様な人材が忖度《そんたく》なく意見をぶつけ合って議論することによって、より良い方法を見つけられる可能性が高いのです。

「和をもって貴しとなす」という考え方は、単に議論をしないことではなく、互いに尊敬の念を持って議論してまとまるという意味です。同じ企業に長くいると、あうんの呼吸で時間をかけることなくビジネスを動かせるかもしれません。しかし激動の時代に、物事の前提を疑う深い議論をしないままでは長期的に正しい対応策につながらないでしょう。

このような現実を踏まえて危機感を覚えた人は今後どうすべきでしょうか。ビジネスリーダーとして成長するには企業内だけでなく独自に情報源を探して最先端の情報をつかみ、個人レベルで信頼できるネットワークの構築を真剣に考えなければなりません。

できることならば、海外で様々な体験を積んで有効な手立てを見つける必要があります。国内では無名でも急成長している外資系やスタートアップの企業に勤める友人の話を聞くだけでも気づきはあるでしょう。国内外を問わず世界基準で成長する企業に学ぶことは多いはずです。

政府の起業家育成策に未来はあるか
日本に必要な視点

日本のスタートアップ企業を増やそうと、日本政府は２０２７年まで毎年２００人規模の起業家らを米シリコンバレーに派遣する構想を発表しました。なぜこのような政策が打ち出されたのでしょうか。どんな成果が期待できるのでしょうか。

日差しがまぶしい米サンフランシスコの空港に降り立ち、米グーグルのカフェで無料ランチを食べ、スタンフォード大学の広大なキャンパスを見学し、米アップルのビジターセンターを訪れて社屋を背景に写真を撮る――。これは米シリコンバレーに初めて訪れる日本企業の典型的なツアーの例です。日本人が多いインキュベーションオフィスの勉強会に参加して、日本語で質問する機会もあります。

まるでテーマパークへの訪問にたとえられるように、最初はひときわ目立つジェットコースターなどに乗ってから、他に乗り物はないかと知人を介して日本に関連するベンチャー企業などに声をかけていくという構図があります。日本の顧客や投資家が多いテクノロジー企業やベンチャーキャピタルは、営業活動の一環として勉強会や意見交換の時間を加える場合もあります。

ただし、気をつけなければいけないのは、こういったツアーで得られる情報は相当偏っているということです。もしもツアーをアレンジした人物の英語力が不十分だったり、アイビーリーグといわれる米有力大学などの卒業生ネットワークやGAFAと呼ばれる巨大企業などとのネットワークが不十分だったりすると、単に日本のコミュニティーのなかに閉じた情報しか見聞きできません。

その間にインド系などグーグルやアドビ、ツイッターの現職社長をはじめとする人材が豊富に活躍している国は、もともと英語に強い人材が多いこともあり、シリコンバレーのより深い情報網に接して、日本に対して大きな差をつけています。

日本の官僚や経済界は米ニューヨークやワシントンにおいて比較的発達した情報網を持っていますが、西海岸については情報網を整備する重要度と難度がかつてなく高まっているにもかかわらず手薄なままです。なぜなら日本の人事制度が1980年代から硬直化して、大企業の次期幹部は東海岸への赴任を経由するという慣習が現在もほぼそのまま続いているためです。

もはやソフトウエアの価値がハードウエアの価値を上回っている時代に、いまだにシステムやデザイン部門よりも製造部門の方が影響力を持っている企業の体制と同じです。このような慣習は見直さなければなりません。

新型コロナウイルスの感染拡大が始まる前は観光気分でシリコンバレーの視察に訪れる日本人が多く、目的意識もビジネス上のメリットもなく訪問相手の時間を奪っているという批判がありました。新型コロナによる渡航制限が始まった20年春以降は来訪者が激減し、こうした批判は沈静化していたのです。

しかし根本的な課題は解決していません。今後、同じ批判が噴き出る可能性は高いでしょう。なぜなら海外への訪問において重要なのは「ギブ・アンド・テーク」だからです。ビジネスにおいて何かしら相手の時間や手間を取らせるならば、こちらからもなにか同等か、それ以上のものを用意するのが当たり前です。

ところが、日本から来訪する側が提供できるものは今や残念ながらほとんどお金ぐらいしかないというのが現状になりつつあります。しかも円安に振れれば振れるほど、その価値も相対的に下がりつつあるのが現在です。

一方で、韓国など別のアジア諸国は先端の半導体や電気自動車（ＥＶ）に必要なバッテリーの生産体制などで、米国との関係を深めてきています。資金面だけでなく経済安全保障という観点でも、日本はすでに他の国に後れを取っているのです。

起業家1000人派遣構想の背景

こうした中で萩生田光一経済産業相が22年7月下旬にワシントンでの会議の前に、米国の西海岸を訪れました。岸田文雄政権がスタートアップの育成に力を入れると発表したり、22年5月初旬に山際大志郎経済財政・再生担当相も同様の行程で訪問したりしていたため、ワシントンやニューヨークを訪れる前にシリコンバレーに立ち寄る重要性が増したのは良いことです。

萩生田経産相がグーグルや日本人の運営するベンチャーキャピタルなどを訪れた後に発

表したのは、27年までの5年間に毎年200人規模、計1000人の日本の起業家らをシリコンバレーに派遣するという計画です。

これは毎年20人程度の日本人を選抜してシリコンバレーに1週間程度の短期間派遣を続けている現在の「架け橋プロジェクト」と呼ぶ事業を拡大するものです。実際に参加者が自らの事業プランを起業家や投資家に直接伝え、起業した例もあります。

経産省によると過去7年間に140人を送り込み、派遣した人材が新たに設立した人工知能（AI）による診断やロボットといった分野の企業の時価総額は22年3月時点で計166億円にのぼると伝えられています。また、起業をした企業の時価総額の合計が実施にかかった費用を上回っているという説明も伝えられています。

もちろん何もしないよりは良いことですが、起業をした企業の時価総額の合計が実施にかかった費用を上回っているという説明は、そもそも比べる対象が同列ではありません。投資家が重要視する「Apple to Appleの比較（同じ条件での比較）」ではないのです。

例えば、もし京都大学で開催している起業講座について「受講した京大生が起業した企業の時価総額の合計が、起業講座の運営費を上回っている」という説明をされたら違和感

グーグル本社を視察後に記者会見する萩生田経産相
（米カリフォルニア州マウンテンビュー）＝共同

を覚えないでしょうか。よりフェアな評価をするのであれば、受講者全員に同額の出資をして投資利益（起業しなかった場合は0円）を計測して比べなければなりません。因果関係と相関関係の違いを注意深く見なければならないのです。

一方で、先ほどのギブ・アンド・テークの考え方を踏まえると、様々な方策が検討できます。既存のやり方の大きな問題は、訪問先にとって商談でもないこのようなツアーで訪れる日本人に会うメリットがかなり薄いという事実です。その分の埋め合わせをどこかでしなければなりません。

そこで政府がファンドへの出資を検討す

る際に、訪問者を受け入れたファンドを優先的に考慮するといった方策が考えられます。ファンドには成功報酬の他にも運営費用のための手数料がかかり、年2％程度が相場です。ファンドの運用期限が10年だとすると、出資額の20％が運営費に相当する手数料になります。政府のお金は国民の税金ですから、妥当な金額になるべきです。もちろん、それ以上の運用成績が期待できれば問題ありません。

萩生田経産相はさらにスタンフォード大学との提携やマサチューセッツ工科大学（ＭＩＴ）などの有名大学を日本に誘致する計画も発表しました。スタンフォード大学は成長し続けるベンチャー企業のようなものですから商売が非常に上手です。

自らの大学の世界的なブランド力をよく分かっているため、まともに交渉すると高額の支払いを請求される事態が予想されます。大学側がリップサービスで「進出に興味がある」と述べた言葉を真に受ける前に、提示された条件をしっかりと確認しなければなりません。日本から想像する以上に米国の大学では日本の存在感が小さく、アジアの中でも中国、韓国の存在感に押されています。

ビジネス上の成果をどこまでもたらすかも冷静に見極めなければなりません。ＭＩＴのメディアラボには多くの日本企業が30年ほど前から寄付をして企業派遣の人材を送り込みました。ビジネス上の成果がすでに出ているべきでしょう。また、スタンフォード大学も京都に学生向けの拠点がすでにあります。

米国の有力大学に対しては、過去にもアブダビがニューヨーク大学を誘致するなどの豊富な資金力をもとにした意欲的な取り組みがありました。一方で、行き詰まっている事例も多数あります。

米カーネギーメロン大学は05年に兵庫県と連携して、神戸に英語で情報セキュリティーを学べる日本校を設立しました。しかし、その先進的な取り組みが早すぎたのか、授業料の高さや英語力を持った学生の不足などを理由に閉鎖されています。

長期的視点を欠く日本

このような過去の教訓があるなかで、日本政府があえてこうした政策を打ち出してきているる背景には、政府の担当者の力量不足というよりも、政治の構造的な要素が影響しています。

岸田政権がスタートアップ支援を政策の中心として前面に打ち出すなか、日本のメディアを活用してよりスタートアップに関連した成果を打ち出す意義はあるでしょう。日本在住の有権者にメリットを伝えやすく効果もすぐ見せやすい政策なのです。

しかし、そう考えると逆に長期的で幅広い視野を持った政策は打ち出しにくくなります。メガベンチャーの育成方法を学ぶのであれば、買収を繰り返しながら躍進する米アマゾン・ドット・コムや、クラウドサービス事業で存在感を再び発揮している米マイクロソフトがあるシアトルにも人材を派遣したほうがいいでしょう。しかしシリコンバレーに比べると、現時点では知名度がありません。

また、同じ派遣制度をつくるなら短期間ではなく、スタンフォード大学やカリフォルニア大学（UC）バークレー校といった有力大学院に進学する学生に支給する奨学金を10倍にした方が長期的には効果があるでしょう。起業につながりやすくなっているかを判断するには、現地の優秀な少人数のスタートアップで経験を積んでいるかが一つの目安になります。

しかし、それでは「日本に帰ってこないかもしれない」「将来的に日本には納税しないかもしれない」といった批判にさらされるのが目に見えています。こうした議論は「留学させたら会社に帰ってこないかもしれないので留学させない」という日本企業の姿勢に通じる面があります。

一方で、転職が当たり前の外資系テクノロジー企業は従業員に十分な教育の機会を与えています。なぜなら狭い業界内では「出戻り」が当たり前で、同業他社を経由して再び優秀な人材が戻ってくる可能性が高いので、こうした教育機会を目当てにした優秀な人材を採用できるからです。日本企業でもＯＢの出戻り採用を活用する企業が増えてきていますが、従来の企業カルチャーとは異質で高度な人材を受け入れる考え方が、日本企業だけでなく日本としても必要です。

中国は日本を上回る規模でメガベンチャーを創出したりイノベーションで先行したりする「海亀」と呼ばれる海外で学ぶ学生の力を自国の競争力向上に活用してきました。もちろん中国には留学生を帰国させる事実上の強制力もあるため、日本にとってはそのままでは参考にならないかもしれません。

一方で先述の韓国は１９９７年や２００８年の通貨危機が契機になったという背景は

あるものの、国外での教育を重視する政策に大きく舵《かじ》を切ったことで、スタートアップの成長やテクノロジー、経済安全保障の世界で存在感を発揮するようになりました。

中国と韓国は若者による海外での学びをもとに起業家を育てて自国の経済を拡大するという点で日本が学ぶことが多いのです。どちらも短期的というよりは長期的な施策を打ち出しています。

いまこそ日本も近視眼的な政策を長期的かつ幅広い視点で切り替える必要があります。そうでなければ、このままスタートアップをはじめとする日本の国際競争力が衰える事態に陥ってしまう可能性は高いでしょう。

遅れる行政のデジタル化
河野デジタル相に期待する理由

国内でベンチャーを新規に設立するには、まずハンコを作り法務局で印紙を購入し、紙で登記をする。そして修正事項があれば再び法務局に行く。これが２０２３年の現在でもよく見られる法人設立手続きの光景です。政府は21年2月に法人設立をオンラインワンストップで申請できる仕組みを整備しましたが、手間が多いなどの理由で利用件数は低迷しています。

米国では州外からでもオンラインで法人登記や変更が完了するため、設立の負担が極めて少ない状況です。もし読者が海外に在住していて日本向けのベンチャーを設立しようとしたとき、日米どちらに登記をしたいと思うでしょうか。後者を優先するのではないでしょうか。

このような課題は海外で法人を設立した人でなければ認識されないため、個人向けにデジタル技術を活用した施策よりも放置されやすくなります。それが日本としては機会損失につながります。

第2次岸田文雄政権による改造内閣が22年8月に発足し、河野太郎氏がデジタル相に就任しました。デジタル庁は21年9月に発足し、間もなく発足1周年を迎えます。菅義偉前政権の目玉政策であったがゆえに、菅首相が退陣した後は後ろ盾を失ったこともあり、大きな改革が減速せざるを得ませんでした。

この難しい局面のなかで、ITやデジタル化のリテラシーが高い人材として河野氏が就任したことは大きな意味があります。就任会見では「行政のデジタルトランスフォーメーション（DX）をしっかり進める」と宣言しました。行政のみならずサイバーセキュリティーなども含めたITの利用環境の整備は国家の安全保障や競争力に直結します。

なぜ行政機関のデジタル化は遅いのか

日本の行政のデジタル化が世界的に見ても遅れていることは、もはや10年以上も言われ

記者会見する河野デジタル相（デジタル庁）＝共同

続けている周知の事実です。22年6月には兵庫県尼崎市で業務を請け負った企業の従業員が市民46万人分の個人情報が入ったUSBメモリーを一時紛失する騒ぎがありました。新型コロナウイルス感染症対策の給付金をめぐる業務全般を外部業者に丸ごと委託している自治体も多いでしょう。

なぜ行政や自治体のDXは遅々として進まないのでしょうか。その原因は行政や自治体が海外の最新技術や体制を導入するインセンティブが少なく、システムの導入に非常に細かい規則を定めたことや、慣れ親しんだ大手事業者との契約を優先することによって、結果として日本が「クラウド活用発展途上国」になってしまっているためです。

改めて説明すると「クラウド」とはユーザーが自社サーバーやソフトウエアを持たなくとも、インターネットを通じてさまざまなアプリケーションソフトウエアなどを利用できるサービス形態のことです。

メールを例にとってみましょう。かつて電子メールはメールソフトをパソコンにインストールして送受信するものでした。このようにシステムを運用する上で必要なハードウェアやソフトウェアを購入して保有、管理するサービス形態は「オンプレミス」と呼ばれています。

これに対してクラウドはメールソフトを自分のコンピューターにインストールする必要がありません。米グーグルのメールサービス「Gmail（Gメール）」のようなものです。これらのメールサービスは別途ハードウエアを購入したり、自前で運用管理を行ったりするコストや労力がかかりません。

クラウドはオンプレミスに比べると導入時の初期費用が格段に抑えられるうえに、システムの導入がスピーディーになります。導入後の拡張性の高さなどもオンプレミスにはないクラウドの大きなメリットです。

ではなぜ日本の行政機関では長らくクラウドの導入が進まなかったのでしょうか。それは「クラウドはセキュリティー面が弱い」という思い込みが払拭されないまま放置されてきたからです。

確かに自社の「外」に重要なデータをまとめておくよりも、自社内部のサーバーにデータを保管しておいたほうが、安全性は高い印象を受けるかもしれません。しかし自宅の金庫と銀行を比べて、どちらに大金を保管したほうが安全でしょうか。

いくら厳重にロックをかけている金庫であっても、金庫ごと持ち去られたら一巻の終わりです。サイバー攻撃や不正アクセス、情報漏洩などのリスクがあるのは内部サーバーもクラウドも変わりません。どんなにセキュリティーの高いシステムであっても、担当者がUSBメモリーを持ち出してうっかり紛失してしまうようでは意味がないのです。

日本の行政機関の間でクラウドの利用が進まなかったもう一つの理由は、真の意味でのコスト意識の欠如です。行政機関にITに詳しい担当者がいないため、「より利便性、安全性の高いシステムを導入する」という視点ではなく、「より単価の安いサービスを」という目先のコストだけで委託先を選んでしまうのは、日本の行政機関の弱点の一つです。クラウドを利用しないことによって、冒頭の例のように産業の競争力を失い、「見えない」コストが積み上がっていきます。

21年にデジタル庁は府省庁や地方公共団体のクラウド利用を進める「ガバメントクラウド」の整備に乗り出しました。選定されたのは、米アマゾン・ウェブ・サービスの「Amazon Web Services（AWS）」と、米グーグルの「Google Cloud Platform（GCP）」の2つです。

現在のところ日本政府の基盤となるガバメントクラウドに、国内のシステム開発会社のサービスは採用されていません。これは読者が使っているパソコンの基本ソフト（OS）が米マイクロソフトか米アップルの製品で、ほとんどの方が使っているスマートフォンもグーグルかアップルのOSを使っているという現実がそのままクラウドでも当てはまります。

全て国産で整備をするのは無理があるでしょう。米国のように複数のクラウドを同時並行で使うことによって、安全性の確保や、いわゆる「ベンダーロックイン」と呼ばれている、一部の業者に依存して他のシステムに移行できなくなってしまう事態を回避するのが現実

米アマゾンCEOのアンディ・ジャシー氏＝ロイター／アフロ

的といえます。

　いまやクラウドの王者ともいえる位置にあるAWSですが、いち早くクラウド事業を提案して実行に移したのはアマゾンの現最高経営責任者（CEO）であるアンディ・ジャシー氏です。

　ジャシー氏自身はエンジニアではありませんでしたが、必要なサービスを当時のシステム開発会社が提供していないのであれば自分たちで開発してしまおうと、クラウドの可能性をいち早く見抜き、仕様を提示して開発をリードした逸話でよく知られています。

　クラウドの登場によって、ITベンチャ

ーは自前のサーバーを用意する必要がなくなり、起業や事業拡大のハードルが大幅に下がりました。行政機関によるクラウド利用では、デジタル先進国である米国やシンガポールにも大いに見習うところがあります。

スイスのビジネススクールであるIMDとシンガポール工科デザイン大学が毎年公表している「世界のスマートシティ・ランキング」で3年連続1位を獲得しているシンガポールは、手前味噌な要素は割り引く必要があるものの、戦略的国家プロジェクトとしてデジタル化を推進しています。

シンガポールは「よく分からないからシステム開発会社にお任せ」といった丸投げの姿勢ではなく、官僚主導で民間の技術や手法を積極的に採用し、敏速かつ効率的に業務を行うデジタルプラットフォームを導入・整備しています。

新型コロナ禍において非常に象徴的だったのが、シンガポールと日本の出入国手続きにかかる手間と労力です。空港に降り立ってわずか5分ほどで入国できるシンガポールとは対照的に、最近筆者が日本に入国する際の検査では各所を歩き回る必要があったりスマホの画面を見せてと指示されたり、トータルで1時間ほど時間がかかりました。

「デジタルに精通している人材がいないから」といって外部業者に丸投げにしていては、いつまでたっても人工知能（ＡＩ）や、あらゆるものがネットにつながるＩｏＴを使いこなせる日はやってきません。これまでの既得権益や、省庁同士の縄張り争いや、民間業者の我田引水を見直して競争力をつけるため、試しながら、走りながら、実践を通じて理解を深めていくしか道はないのです。

ガバメントクラウドの整備はデジタル化への大きな一歩であり、日本はようやくそのスタートラインに立ち始めたのだと見ることができるでしょう。

政府や東京都が相次ぎスタートアップ支援ポイントは

東京都や政府が競うようにスタートアップ企業への支援策を発表しています。小池百合子都知事はスタートアップ支援策を発表しました。政府もスタートアップの育成を強化する5カ年計画をまとめました。日本の経済成長に大きな意味を持つだけに、注目すべき点を紹介しましょう。

人材教育に力を入れる東京都

小池百合子都知事は22年11月24日に有権者へのアピールも狙った「グローバル・イノベーション・ウィズ・スタートアップ（Global Innovation with STARTUPS）」という施策を発表しました。政府も28日にスタートアップの育成強化に関する5カ年計画を正式発表しています。

東京都と政府の支援策の内容を見比べると、まず共通しているのは行政機関が調達元になってスタートアップの売り上げや成長に貢献しようとする点です。海外を視野に戦略的な情報発信をしたり、場所は違えど民間のスタートアップ交流拠点で行政担当者が日常的にスタートアップと交流を深めて様々な悩みにワンストップで対応したりする「出島」を設置する点も共通しています。

一方で、異なる取り組みもあります。東京都はより直接的に人材教育に力を入れようと、小中学校や高校をはじめ、都立大学を活用した起業家教育を施策に盛り込むと表明しています。起業家の予備軍を増やす人材教育は社会人になってから始めるのは遅いので、学生のうちから起業家と接する機会を提供するというものです。

若手の人材が在学中のインターンなどを通じてスタートアップに接することは、たとえ卒業後に新卒で大企業に入ったとしても将来のスタートアップへの興味が湧きやすくなります。施策の効果を正確に計測するのは難しいですが、着実な取り組みといえるでしょう。

また優秀な起業家に来てもらうために、入国ビザの要件緩和を提案することを検討しています。アジアではシンガポールが多くの起業家のハブになっていることから、それ以上の緩和が求められます。ただ、これは起業初期に限るなど対象を限定した方がいいでしょう。ある程度大きな規模のスタートアップの日本への参入を優遇すると起業家は刺激は受けますが、同時に利益が海外に流れてしまうことにつながりかねません。

東京都の支援策は「ハコモノ」とイベントを最大限活用する点も特徴です。これは東京都が委託した有識者のアドバイザーがインキュベーションオフィスを運営するため、自然な流れです。大規模なインキュベーションオフィスを設置したり、イベントを継続して開催したりすることによって、起業数を増やそうというものです。

そのインキュベーションオフィスに「出島」として東京都の窓口を設けることで、起業家からの相談も乗りやすくするという狙いもあります。起業家の数を増やすという意味では一定の効果はあると思われます。

施策の効果を占ううえで着目すべきはスタートアップ支援策と大成功を収めたスタートアップとの間の因果関係です。インキュベーションオフィスがなければ起業で大成功できなかった事例の調査も同時に実施する必要があるでしょう。米テスラなどのように突出したスタートアップはインキュベーションオフィスなどの大きな支援なしに成長してきたからです。

政府は優遇税制など盛り込む

一方で、政府の支援策で際立っているのは国にしかできない施策を盛り込んだことです。

例えば、企業が社員らに付与するストックオプション（株式購入権）などの取得時にかかる優遇税制や、未上場株の公正価値評価についての会計制度の変更、市場環境の整備、大企業や大学との連携も強化するとしています。

特に、大企業との連携は重要です。米国ではスタートアップの出口戦略（エグジット）として大企業への事業売却が約9割を占めます。これに対して日本では3割程度と少ないため、税制改正などの優遇措置が見込まれます。

過去最大規模となる1兆円規模のスタートアップ育成に向けた予算措置や、米国では既に下火になっている特別買収目的会社（SPAC）を使った上場の検討も盛り込んでいます。

5カ年という計画の長さに比べて、いわゆるキャリア官僚は数年で配置転換になってしまうので、関わった多くの職員は5カ年計画の終わりを見届けることができません。予算も単年度になってしまうことが多いなかで工夫されたものといえるでしょう。

さらに米シリコンバレーやボストンなど海外に日本のビジネス拠点を出島として新設します。既にシリコンバレーでは日本語でほぼ業務が完結できるインキュベーションオフィスが存在しており、それ以上の工夫と成果が求められます。ニューヨークなど米国各都市やイスラエル、シンガポール、北欧など世界各地に今後5年間で1000人を派遣するという大胆な計画で、社会人（一部学生を含む）の意識改革の事業を行う予定です。

海外で人気な漫画や音楽、ゲームなどのソフトパワーと、大企業のテクノロジーとスタートアップが一丸となって情報発信をしていくことも考えられるでしょう。外務省が2015年度から日本文化の広報拠点として設けている「ジャパン・ハウス」とも違った成果を求められます。

この他にも特徴があります。従来のような創業した社数（開業数）のみではなく、創業したスタートアップの成果目標として「規模の拡大」を指標としている点です。創業の絶対数と創業したスタートアップの規模の拡大を包含する指標として、スタートアップの売上高ではなくスタートアップへの投資額に着目するとしています。これも政府が任命した有識者のアドバイザーにベンチャーキャピタルの関係者が含まれるので、自然な流れともいえます。

スタートアップへの投資額については21年の約8200億円に比べて10倍超となる

10兆円規模を目指すとしています。海外の投資家などが自然と投資妙味を感じて流入して結果的に10兆円規模になるならば喜ばしいことです。

しかし、やや心配な点もあります。海外ベンチャーキャピタル（ＶＣ）と日本のスタートアップとのネットワークを強化するためなどという理由で、官民ファンドの海外ベンチャーキャピタルへの出資機能を強化して優先的に出資をして呼び込もうとするのは本末転倒です。そもそも有望な投資ファンドは条件付きの出資など受けないでしょう。逆に後述の暗号資産関係のファンドで損失が大きいアンドリーセンホロウィッツなどは逆に日本との関係を深めようとしています。

条件がフェアでなければ国内ＶＣファンドから反発も聞こえます。海外ＶＣだからといって魔法のような支援を得られる訳ではありません。筆者が出資した日本関連のスタートアップにも名門ＶＣである米セコイア・キャピタルなどが資金を入れましたが、特段そのようなことはありませんでした。最近、経営破綻した暗号資産（仮想通貨）交換会社のＦＴＸトレーディングもセコイアの出資先だったのです。

特に警戒をしなければならないのは、単に官の資金が流入し過ぎてスタートアップ市場で官製バブルが発生してしまうことでしょう。数少ないスタートアップに大量の資金を注入すると、とにかく出資した件数だけを競ってしまう状況を招いてしまい、企業成長に見合わない時価総額で投資することになりかねません。

企業価値が10億ドル以上の未上場企業である「ユニコーン」の社数を増やすという目標は、それこそ人工的に時価総額を増やせば達成できます。しかし、どこかの時点で株式が割高になって買い手がつかず、株式価値の急落を招く事態が起こりえます。

将来の施策を整備することも重要ですが、同時に過去のユニコーンへの支援策との違いにも注視していく必要があるでしょう。仮に政府が民間と連携して急成長するユニコーンを支援できるとするならば、既に米国市場の開拓にチャレンジしているスタートアップへの支援がどのようにして実現してきたかも確認しておかなければなりません。

米政府は政府調達の拡大が目的

現在の米国経済をけん引する時価総額ランキングの上位企業の多くはスタートアップが占めており、産業の新陳代謝が進んでいます。しかし米国は政府の目玉政策としてスタートアップを支援しているのかというと、そうではありません。

米国は政府としてスタートアップを支援するというよりも、調達先をスタートアップにも広げられるようにするといった狙いがあります。急成長するスタートアップへの投資が魅力的であれば必然と海外からの投資も集まるので投資が活発になるのです。

22年末を控えてスタートアップが相次いで新規株式公開（ＩＰＯ）を発表しました。株式を上場できること自体は素晴らしいのですが、実はあまり手放しで喜べることばかりではありません。

スタートアップの現在の時価総額がＩＰＯ前に資金調達をした時よりも下がっている場合はスタートアップに投資した投資家にとっては損失が発生することになり、損失が出ても売却を優先しなければならない事情があると推察されるためです。例えば、投資しているファンドの運用期限が近づいたため上場を機に株式の売却を狙っているといった事情が考えられるのです。

特に22年はテクノロジー関連の企業にとっては厳しい年でした。21年冬には、それまでスタートアップに投資をしてこなかった投資業態であるヘッジファンドやプライベートエクイティ（未公開株投資）ファンドも参入したことによって、多くのスタートアップが現在よりも高い時価総額の株式価値を基に資金を調達していました。

ところが22年春に株式相場が急落し、期待が先行しすぎていたスタートアップも時価総額の見直しに直面せざるを得ませんでした。この影響は日本関連の投資ファンドとしてシリコンバレーで一番影響力を持っていたソフトバンクグループの「ビジョン・ファンド」にも及びました。新規投資を当面見合わせたほどです。

最も影響が深刻なのは、いわゆる「レイターステージ」と呼ばれる上場が間近に迫った規模の大きいスタートアップや、それに投資をしてきた投資ファンドです。「アーリーステージ」と呼ばれる起業したばかりのスタートアップや、それに投資をするファンドへの影響は仮想通貨への投資に特化したファンドを除いて比較的軽微です。仮想通貨に投資した米大手ベンチャーキャピタルのアンドリーセン・ホロウィッツのファンドは22年上期で40％もの運用損失になりました。

スタートアップの株式は上場株のようにいつでも自由に売買ができる流動性が乏しかったり、公正価値評価が十分に整備されていなかったりするため、下がり始めると多くの投資家が敬遠し始めます。こうした場合にＩＰＯが活用される場合があるのです。

スタートアップ投資も数ある投資カテゴリーの中ではプライベートエクイティの一つと考えられます。その投資利益が下がれば、お金は他の分野に逃げていきかねません。大事なのは増収増益などによって企業価値の大幅上昇が期待できるような投資妙味を健全に高めることです。すなわちスタートアップの売り上げが健全に成長し、既存の大企業以上に成長することでしょう。

日本経済の成長に結び付けられるか

このような中で、外部からスタートアップの成長を支援できる方策は限られています。基本的に創業時のグローバルに事業を展開できる経営チームの設立や、様々な経営戦略の試行錯誤を相談できる「壁打ち相手」となることのほか、資金調達先や販売先の紹介などしかありません。

今回のスタートアップ支援策がどの程度の効果を発揮するかは日本にとって大きな意味を持ちます。現在政府が進めている「新しい資本主義」という大きな政策の枠組みの中では、資産所得倍増といった別の分科会の取り組みと並ぶ政策の一つでしかないために相対的に注目度が低いようです。政治情勢の変化などに気を取られることなく、日本経済の成長に結び付けられるように注視しなければなりません。

本書は、日経電子版の連載「教えて山本さん！」２０２２年掲載分をベースに加筆・再構成したものです。

山本康正 やまもと・やすまさ

京都大学経営管理大学院客員教授

東京大学修士号取得後、三菱UFJ銀行米州本部にて勤務。ハーバード大学大学院で理学修士号を取得後、グーグルに入社し、フィンテックや人工知能（AI）などで日本企業のデジタル活用を推進。企業の新規事業やDX、ESG、SDGs、ベンチャー投資（CVC）の助言も行う。京都大学大学院総合生存学館特任准教授も兼務。著書に『次のテクノロジーで世界はどう変わるのか』（講談社現代新書）、『2025年を制覇する破壊的企業』（SB新書）がある。

日経プレミアシリーズ｜491

テックジャイアントと地《ち》政《せい》学《がく》

二〇二三年三月八日　一刷

著者　山本康正
発行者　國分正哉
発行　株式会社日経ＢＰ
　　　日本経済新聞出版
発売　株式会社日経ＢＰマーケティング
　　　〒一〇五―八三〇八
　　　東京都港区虎ノ門四―三―一二
装幀　OKIKATA（山之口正和）
組版　朝日メディアインターナショナル
印刷・製本　中央精版印刷株式会社

ISBN 978-4-296-11719-2　Printed in Japan